淄博现象 启示录

流量时代的
城市治理与发展

樊丽明　楼苏萍　主编

LIULIANG SHIDAI
DE
CHENGSHI ZHILI YU FAZHAN
ZIBO XIANXIANG QISHILU

山东人民出版社·济南

国家一级出版社 全国百佳图书出版单位

编委会

序 言

一、研究缘起

齐鲁青未了，海岱换新颜。数字时代与城市治理的深度交织融合，在城市空间催生出强大的流量效应，为城市高质量发展带来新的机遇和挑战。过去的半年，我们亲历了"一场始于烟火、归于真诚的邂逅"，感受到了"人好物美心齐、共促城市发展"的淄博实践，目睹了一幅"淄博党群干群良性互动、双向奔赴"的善治图景，更见证了一座工业老城在数字时代的新生与蝶变。

2023 年 3 月，山东省淄博市因 "淄博烧烤"爆红出圈，引发国内外的广泛关注和强烈反响，互联网关注话题历经烟火淄博、诚信淄博、热情淄博到文化淄博的演变，演化为持续性的现象级案例。其内涵之丰富、影响之深远，值得全方位、多视角深入研述。"淄博现象"滥觞于齐鲁大地，发生于疫情之后，系统梳理"淄博现象"的来龙去脉，深入解读典型事实背后蕴藏的深层机理，是回应社会关切与学界期待的应有之意，亦是彰显"山大担当"的切实之举。

习近平总书记指出："调查研究是谋事之基、成事之道"。山东大学国家治理研究院于 2023 年 6 月牵头成立"淄博现象"专题调研组，组织公共管理学、新闻传播学、经济学、工商管理学、马克思主义理论、社会学及民俗学等多学科领域的 9 个课题组，围绕"淄博现象"开展专题调查研究，形成此书。

二、流量时代的城市

数字技术进步在给城市发展提供强力技术支撑的同时，也给城市治理带来诸多非预期挑战。在互联网世界中，"流量"是以数据统计为表征，用来描述特定对象在网络社会中俘获的注意力[①]。社会学研究指出，当前信息流动与社会生产间的结合已扩散至整个社会关系和社会结构，构造出新的社会整合逻辑——流量逻辑；流量逻辑以流动数据的筛选评价和注意力俘获，将个体转化为集信息生产和消费于一身的"流量人"，进而改变社会实践形态[②]。网络社会中的流量瞬息万变，分流、交汇或流动轨迹难以预测，但不可否认，流量已经成为一种"存在"，并愈发对我们的经济社会生活产生重要影响。在经济领域，多地提出要抢抓流量经济发展战略机遇期，把发展流量经济作为引领经济优化升级，推动高质量发展的重要抓手。从这个意义上说，我们所处的时代可以称之为"流量时代"。

在这一流量时代，经由虚拟网络空间与现实空间的融合交汇，互联网中的巨大信息流与现实世界的社会流、物质流与经济流在一个城市空间中交相呼应、叠加汇聚，形成了特定时间段的"流量城市"。"流量城市"可以视为城市非常规状态下的"特殊场景"，具有突发性、不确定性，影响的广泛性、时效性等特征。一个城市成为"流量城市"往往是突发的，流量的汇聚会在短时间内发生，难以事先预测或提前感知。吸引大众注意力从而触发流量汇聚的热点存在高度不确定性，"流量城市"涌现的时间、流量发展走向等也高度不确定。一旦出现流量集聚，其带给城市的影响是方方面面。同时，由于流量具有的流动性特征，伴随着互联网热点的快速

---

① 刘京. 媒介社会下"流量"实在论：基于"数据-权利"之视角批判 [J]. 现代传播（中国传媒大学学报）,2023,45(07):161-168.

② 刘威, 王碧晨. 流量社会：一种新的社会结构形态 [J]. 浙江社会科学,2021,(08):71-83+158-159.

转移，流量也会在一定时间段内回落，城市趋向常态化。

"流量城市"的以上特征与城市常规治理有较大差异，往往超出了政府和社会常态的管理能力，需要"管理者必须在有限的信息、资源和时间条件下寻求'满意'的处理方案，具备迅速从常态向非常态转换的能力。"[1] 尽管流量是一种重要的发展资源，解锁流量密码是流量经济与内容创造者的核心追求，变身"流量城市"也是城市发展中的难得机遇，然而，"流量城市"也蕴含着巨大的治理风险，带来的城市治理挑战不容小觑。

首先，"流量城市"场景下，人流量的指数级增加对城市基础设施、各类资源与能力的供应产生巨大的压力，无论是市场领域的商品还是公共服务都是如此，市场主体、公共部门需要在短时间内有效回应快速增长的各类需求。其次，流量的涌入打破了城市既有的经济社会秩序，如何通过有效的策略实现市场秩序、社会秩序的重建考验着城市治理者。再次，当城市带着流量光环，发生在城市角落中的任何一个事件、举动都有可能被广泛关注，进而放大，造成巨大影响，城市治理者处于"如履薄冰"的紧张境地，需求寻求超常规的治理方式与方法，审慎决策，杜绝可能出现的各种"反转"。可以说，流量时代不仅催生出新的经济业态和社会结构，亦深度影响政府、市场及社会的主体关系调适，影响着城市治理的目标指向、价值理念及治理结构，呼唤着与之相适应的城市治理新形态。

三、"淄博现象"及其启示

2023年春夏，淄博作为传统非网红城市成功应对流量机遇的一次生动实践，为开展流量时代城市治理与发展的学术研究提供了极佳的样本和观察切片。我们把这一实践称之为"淄博现象"，并将其作为我们的研究对象。那么，"淄博现象"是什么？

淄博现象是一个媒介传播现象。作为媒介传播现象，其特征有三，一

---

① 薛澜，张强，钟开斌.危机管理：转型期中国面临的挑战[J].中国软科学,2003(04):6-12.

是传播话题热度持续时间长，超过一般互联网事件的话题传播热度周期。二是淄博火爆出圈的整个传播过程保持了较为平稳的舆论态势，没有出现舆论极化和舆情翻转现象。三是整个过程表现出接续性和持续性传播话题的出现、转化和引流。相关数据单位发布的 2023 年上半年中国网红城市 20 强榜单中，淄博位居榜首。

淄博现象是一个城市敏捷治理[①]现象。淄博市在"用户导向"理念指引下，探索了一套具有柔韧性、流动性、灵活性或适应性的行动或方法，采用创造性思维，有效应对了快速变化、充满不确定性、高度复杂的治理环境，这一过程塑造了"市场有效、政府有为、社会有序、公民有情"的"四有"模式。

淄博现象是一次成功的"价值共创"现象。淄博的火爆出圈，是市民与政府、商家与游客、传统媒体与自媒体互动作用，形成"服务型关系"的结果。商家的积极响应和服务，为提升城市的整体服务水平提供了有力支持。志愿者及普通市民为游客创造更好体验而做出巨大努力，政府勇于担当，游客不吝赞美，共同为"淄博现象"的长红做出了贡献。

"淄博现象"是一个以"小产业"撬动"大消费"的现象。淄博以烧烤火爆出圈为切入点，实施了扩大消费的组合政策，形成了扩大消费的长效机制，继而又充分利用"淄博烧烤"城市新名片，扩大招商引资引智，推广淄博"好品好物"，促进了老工业城市的产业转型。

"淄博现象"是一个流量经济现象。在淄博现象中，我们可以看到流量经济的形成、集聚、暴增、裂变、扩散、融合的全过程，而流量经济的每一步演化与成功有赖于城市资源、社会经济生态环境、消费网络、政府企业与居民的通力合作以及顺势、利导、善为的公共政策。

"淄博现象"是一个文旅深度融合的现象。从烤炉、小饼、蘸料的烧烤"灵

---

① World Economic Forum, Agile Governance: Reimaging Policy-making in the Forth Industrial Revolution. White Paper, 2018.

魂三件套"到陶瓷、琉璃、丝绸织巾的文化"灵魂三件套"，来淄博的游客不仅体验烧烤，还逛"八大局"菜市场，购陶琉，在海岱楼开文化"盲盒"，到齐文化博物馆感受"三千年泱泱齐风"。淄博通过打造"融"场景，创新"融"产品，做好"融"服务，打响"融"品牌，讲好"融"故事。

"淄博现象"是一个精神文明建设深耕开拓、开花结果的现象。在火爆出圈的过程中，淄博真正展现了作为文明城市的精神面貌，既让全国各地游客感受到了淄博的"烟火气"，又让他们亲身经历、见证了淄博的"文明范"，展示了政通人和、上下一心可以迸发出来的城市能量。

"淄博现象"是一个社会全员参与并得以有效整合的社会现象。"为荣誉而战"的商户，热情好客的市民，挺身而出的志愿者、持续加班而无怨言的网格员、工作人员构成了"淄博现象"中一道道靓丽的风景线，经过"流量"洗礼的淄博人有了更强的凝聚力和城市荣誉感。

"淄博现象"是一个承续传统、贴近生活的文化现象。淄博火爆出圈中处处体现了"齐"文化与"鲁"文化交融形成的诚信经营、仁义为本、开放包容的文化品格，是贴近民众生活、尊重民众生活传统、践行以人为本的结果。

⋯⋯⋯⋯⋯⋯

"淄博现象"还可以有很多其他内涵。一千名读者眼中有一千个哈姆雷特，是因为莎士比亚笔下的人物具有复杂性，文本具有丰富性。"淄博现象"同样具有丰富性。也正因如此，本书汇集了九篇报告，分别从不同角度阐释、分析"淄博现象"。同时我们也相信，这些分析视角并没有囊括所有的可能。

"淄博现象"给予流量时代的城市治理与发展以何种启示？

首先，流量并非洪水猛兽，把握好流量机遇，能够助力城市发展条件的转型升级，服务城市形象塑造与提升，为城市积累治理能力与发展资源。"淄博现象"的启示之一，当"遭遇"流量时，地方政府要有在流量中"乘风破浪"的勇气，敢于迎接挑战。

其次，流量虽具有不确定性，然而，正如世界上没有无缘无故的爱，信息时代也没有无缘无故的"流量"。"淄博烧烤"火爆出圈有其偶然性也有其必然性。淄博早在2014年即开始制定烧烤行业的管理规范与改造提升，并创新性开发了"大炉＋小炉"的烧烤模式，较好解决了烧烤与环境优化之间的关系，使得烧烤行业在淄博得以健康发展，并形成特色。淄博在流量引导过程中，充分发挥自身工业基础扎实，文化底蕴厚重的优势，顺势而为的同时再创热点，使得流量在淄博驻足近半年之久。"淄博现象"启示之二，流量是久久为功后的厚积薄发，充分发掘自身优势，积极引流，是御"流"而行的重要路径。

最后，流量具有流动性，流量毕竟会产生流动甚至部分流失。城市发展可以借由流量提速，城市魅力可以借此展示，但城市发展不应追逐流量或被流量左右。流量时代，仍须保持战略定力，不盲目改弦更张，有所为，有所不为，此谓启示之三。

当然，更多的启示还可以在本书各子报告中找到。

四、本书结构与特点

本书共分为三大主题。主题一聚焦于流量时代的城市治理这一核心主题，系统提炼淄博巧抓流量机遇，应对治理挑战的策略选择及经验模式，包含《流量时代城市治理的挑战与治理模式创新——基于"淄博烧烤"现象的分析》《媒介化城市治理的模式探索——"淄博现象"调研报告》及《"淄博现象"中服务型关系构建的启示——基于以客户为中心的视角》三份子课题调研报告。

主题二紧扣流量时代的城市发展主题，阐释淄博巧借烧烤出圈的"小切口"，有效推动经济发展及产业转型等"大问题"的深层机理。包含《以"小产业"撬动"大消费"："淄博现象"调研与启示》《厚积薄发，双向互促——从文旅深度融合视角看"淄博烧烤"现象》及《从淄博现象看流量经济价值发展》三份子报告。

　　主题之三聚焦于"淄博现象"背后蕴涵的深层文化内涵及文化根基，探讨文化及社会要素赋能城市发展及有效治理的深层原委。包含《"淄博现象"中城市精神文明建设的经验与启示》《"淄"在人人、"博"美民生：淄博烧烤社会参与和民生需求调研报告》及《承续传统，贴近生活：淄博烧烤爆火现象之思考》三份子报告。

　　本研究定位于相对独立、自主的第三方研究，注重调查和研究的理性化、客观化，兼顾理论性和实践性，关注"淄博现象"背后的社会、政治、文化等成因及其衍生效益，聚焦未来的可持续发展和延展方向。

　　本次专题调研及成果是有组织科研下多学科协同的结果。在当前大科学时代，科研组织方式正在配合科研范式转变进行适应性进化，以弥合社会问题的整体性与科学研究的学科划分之间的裂隙。"淄博现象"作为一个复杂现象，问题边界较为模糊，我们认为有必要采用多学科导向的科研组织模式①。由此，山东大学国家治理研究院在多方论证的基础上，提出了研究动议，并组建了涵盖管理学、经济学、新闻传播学、社会学及法学等多个学科门类专家的课题组，基本实现社会科学研究领域的广角覆盖。

　　此次调研也是山东大学国家治理研究院"有组织科研"模式的首次尝试。山东大学国家治理研究院作为牵头单位成立协调工作组，负责统筹规划、联络沟通、需求落实及服务保障等工作，有序、有效安排部署各子课题各司其职、协同推进，同时多番组织讨论会，加强学科间的交流互动。从整体来看，"大协同"的组织思路，有力保障了专题研究的系统性和全面性；"小核心"的专业视角，则实现了研究的深入性、理论性和思想性。研究者要与我们所处的时代"肝胆相照"，期待由"淄博现象"及其他类似现象引发的流量城市的治理与发展问题得到更多关注与研究。

---

　　① 杨雅南，钟书华."有组织科研"的理论意涵和实践指向[J].黑龙江高教研究,2023,41(10):34-40. DOI:10.19903/j.cnki.cn23-1074/g.2023.10.010.

目 录

流量时代城市敏捷治理经验与启示
——对"淄博现象"的公共管理学分析

孙宗锋 杨志 姜世慧[*]

摘要： 流量时代的城市治理面临巨大挑战，如何抓住"流量"带来的机遇至关重要。2023 年 3 月淄博凭借"烧烤流量"火爆出圈，成为新晋"流量城市"。本报告全面梳理淄博及时响应、有效应对流量城市治理挑战的全过程，从治理对象、治理节奏、治理举措、治理关系和治理成效五个方面揭示淄博治理经验，并将其概括为敏捷治理下的"四有"模式，即市场有效、政府有为、社会有序、公民有情。本报告总结出的流量时代淄博城市治理的关键要素，对新时代城市治理有一定的经验启示。

关键词： 淄博现象 敏捷治理 多元主体参与

---

* 孙宗锋，山东大学政治学与公共管理学院教授，研究方向为数字政府、组织管理等；杨志，山东大学政治学与公共管理学院助理研究员，研究方向为政策创新、地方治理。姜世慧，山东大学政治学与公共管理学院本科生。

党的二十大报告提出，坚持人民城市人民建、人民城市为人民，提高城市规划、建设、治理水平。① 城市治理是推进国家治理体系和治理能力现代化的重要内容，传统的城市治理以行政区划为基本空间单元。当今时代，人口流动日益频繁，打破城市固有的地理边界，"流量"愈发成为城市治理的重要特征。流量时代的到来推动城市治理转型，城市会在特定的发展际遇、流量情境下成为"流量城市"，深刻地改变了城市治理的基本理念、组织结构和治理机制，为新时代城市治理的发展和转型提供了契机。"流量城市"在引流的同时，机遇和风险高度叠加。超负荷、超规模的流量汇集给城市接待能力和组织应对能力带来严峻挑战，以前所未有之势给城市治理带来巨大冲击，重塑着城市治理结构与治理过程。如何抓住契机、化解压力，把握流量时代城市发展的内在逻辑和发展方向是破题的关键。传统的城市治理模式难以有效匹配流量时代的城市治理，限制城市治理效能的进一步释放。因此，要以快速响应、灵活应变、渐进迭代及注重合作的敏捷治理为导向，通过培育政府部门的敏捷思维，形成敏捷型组织，系统提升城市治理水平。

一、问题缘起

2023 年春，疫情后的第一个春天，凭着"烤炉 + 小饼 + 蘸料"的灵魂"三件套"，"淄博烧烤"火爆出圈，成为全网关注的焦点。无数流量奔涌而至，千万游客纷至沓来，流量的增加促使淄博市从传统时代的"固定庇所"过渡到"流量城市"。综合来看，流量城市是自然流、物质流、经济流、社会流和信息流等多种流量大规模汇集的城市。其特征有三：第一，流量规

---

① 习近平，高举中国特色社会主义伟大旗帜 为全面建设社会主义现代化国家而团结奋斗——在中国共产党第二十次全国代表大会上的报告，2022 年 10 月 16 日，新华社北京 10 月 25 日电。

模巨大、流动要素增多，人口、交通、经济等传统流量达到相当规模的体量，城市成为多种流量集聚的超区域性网络中心；第二，流量流动速率加快、流动数量激增，各种要素高速流动、大进大出，短时期内迅速分化重组；第三，信息流的关联性更强，信息不但成为城市生产和流通的基础要素，还席卷和连接其他各类要素，极大地延展了城市发展的时空。①

　　"淄博烧烤"在互联网与旅游市场的全面火爆，"烤"热了淄博消费市场，也"考"上了淄博市政府和全体人民。借助短视频和社交媒体的推介，"淄博烧烤"产生裂变式传播，连续多日位居热搜榜单，引起了人们对这座城市的广泛关注。2023年3月，多个带有"淄博烧烤"字样的词条在各大网络平台传播，热度不断攀升。5日，"大学生组团坐高铁去淄博吃烧烤"登上热搜，吸引自媒体、美食博主们纷纷前去打卡。当日淄博站到发旅客4.8万人次，创3年最高纪录，抖音相关话题播放量超过1.8亿，淄博烧烤在互联网的加持下不断升温。3月、4月，官方媒体和民间博主也纷纷开始为淄博烧烤"添火"，新闻联播主持人康辉在《主播说联播》中推荐淄博烧烤，获得上百万播放量；数十位千万级粉丝博主来淄打卡烧烤，助力相关话题登顶抖音热榜20余次；两个月以来，全网共有"淄博烧烤"相关热搜1200余条，平均每天20条，"淄博烧烤"与淄博以势如破竹之态冲入了大众视野。

　　面对突如其来的"流量"，淄博市敏锐地嗅到了爆火背后的挑战与机遇：这既是对政府、服务行业、全市公共服务水平的一次挑战，也是淄博期盼已久的城市品牌塑造、人才"留量"激活的机遇。作为一个正处于产业转型升级关键期的老工业城市，人群流量的瞬时激增会引起住宿、餐饮、交通运输等行业的需求量大幅增加，同时也带来由于供需不匹配而导致的市场价格不稳定，以及人群密集所引发的社会、消防安全等领域的多重隐患。一时之间出现了"淄博烧烤，'烧烤'淄博"的说法，流量城市所面临的

---

① 吴晓林.数字时代的流量城市：新城市形态的崛起与治理 [J].江苏社会科学，2022(04)：62-72+242-243.

治理挑战可见一斑。重重压力之下，淄博市及时响应、快速决策，在应对"流量"中表现出了沉着冷静应对突发情况的能力，高效地提供一系列优质的服务和保障，抓住"流量"带来的机遇，经受住了几波大型考验，借此树立了良好的政府形象，打造了城市名片，使得淄博现象备受瞩目，这背后反映出来的流量城市治理经验值得总结提升。

淄博市位于山东省中部，总面积 5965 平方千米，下辖 5 区 3 县，常住人口 470.59 万人，是国务院批复确定的山东区域性中心城市、产业转型升级示范区。无论是城市发展水平还是常住人口规模，抑或是产业结构布局，淄博作为中等规模体量的城市，在全省乃至全国具有代表性。此外，从城市的区位优势、工业化转型发展阶段、文化保护与城市发展的关系来讲，淄博也具有较强的典型性，足以反映流量城市治理所包含的基本内容与重要元素。从流量城市治理的角度来讲，发生在淄博身上的大量游客的快速涌入，也有较大可能发生在其他城市，城市治理的突发性与偶发性如何及时有效回应，组织动员机制的理顺与有效运作至关重要。基于此，本研究报告重点从敏捷治理理论视角出发，考察流量城市治理的经验，总结提炼出"淄博模式"。

二、"淄博现象"中的治理主体及其行动策略

（一）决策者层面：顺势而为、担当作为

在淄博烧烤初步爆火之时，市委、市政府顺势而为、主动作为，协多方力量推动淄博烧烤做大做强；后为保证社会安全，防止踩踏事件发生，4 月下旬，淄博市整合多方信息、反复研判，顶住各方压力，在"五一"期间助力淄博烧烤持续有序火爆。如下图 1 所示，市委、市政府顶得住压力、放得下身段，处置民生热点问题以人为本，采取合理引导、加强管理、与民共建、持续发展的方式，将流量城市的治理节奏牢牢地掌握在政府手中，表现了极强的责任感和高超的领导艺术。尤其是，面临安全与发展两个看似矛盾的任务时，淄博市委、市政府高度重视流量城市的安全问题，并未

采取立刻叫停、"一刀切"的方式方法，而是沉着冷静、勇于担当，体现了新时代市域管理者应该具备的优良品质。

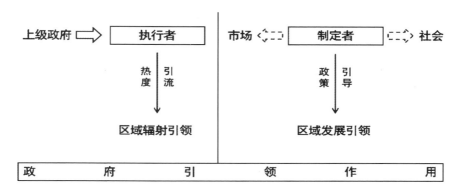

图 1 政府引领作用

（二）职能部门层面：机制引领、快速联动

当一个事件从阶段性工作进入常态化的时候，体制机制尤为重要。4月 10 日，淄博市成立淄博烧烤联席会议机制，设立专班，商务局为牵头部门；15 日即调整为提振消费联席会议机制，专班小组由原来的 5 个扩充为 10 个，实现集中办公。联席会议机制发挥了强大的统筹协调能力，让跨部门、跨领域、跨行业的工作调度制度行之有效，也体现了淄博市强大的社会动员能力，凝聚市场、社会等各方力量为"淄博现象"助力。在这其中，相关部门做了以下工作：

1. 舆情引导、网络宣传

主动宣传引导，让正能量形成大流量。2023 年 2 月，淄博市委宣传部联合新浪网、山东广播电视合策划淄博美食（烧烤）节举办方案。3 月 4 日，网络上出现大量"大学生乘高铁组团到淄博吃烧烤"热搜视频，相关职能部门敏锐捕捉到淄博烧烤热度，3 月 5 日立即召开宣传策划会，组织市内和各级驻淄媒体迅速抓取这一热点，第一时间推出"吃的是烧烤，品的是'淄'味"等报道，将网络自发流量转换为主流媒体集中报道。3 月 10 日，市委组织部、市委宣传部联合市公安局、市商务局、市文旅局、市市场监管局

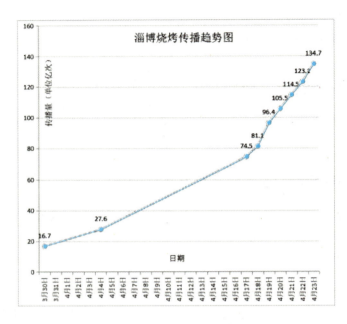

图 2 淄博烧烤传播趋势图

等部门，召开了"淄博烧烤"专场新闻发布会，稳稳接住了流量。与此同时，邀请新华社、央视等中央和省级媒体来淄拍摄淄博烧烤专题，《新闻联播》于 3 月 17 日推出了长达 4 分多钟的专题报道《让流量变"留量"淄博烧烤火出了圈》，并配发《淄博烧烤做对了什么？》精彩短评。3 月 20 日，组织团市委等部门座谈交流，分析易引发负面舆情的风险点，及时制定应对处置措施，明确下一步宣传重点。3 月 29 日，央视新闻联播主持人康辉又在"新闻联播"视频号的"主播说联播"栏目中点赞淄博烧烤，央视《晚间新闻》推出报道《淄博：特色烧烤激发城市活力》，再次引发大量关注。山东省委宣传部发挥省市县三级媒体一键统发机制，将《央视新闻》发布的烧烤视频在全省范围内宣推。政府部门迅速有力的反应，博得了广大网友的好感。

2.执法有度、解纷排难

坚持环保理念，让露天烧烤可持续发展。露天烧烤是市民关心关注的热点，也是城市管理的难点，淄博市为解决露天烧烤油烟污染扰民问题，主动作为、勇于担当，2014 年下半年开始调研，2015 至 2018 年对露天烧烤进行了全面规范治理。此次治理坚持"疏堵结合，以疏为主"，积极探索治理露天烧烤的有效途径，努力探寻市民群众满意、烧烤业户满意、生

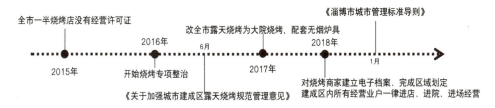

图 3 淄博烧烤前期发展

态环境改善的多赢之路，守住了小本烧烤经营者的"奶酪"。整个治理过程坚持一步一个脚印，历时 1000 多天，达到规范管理，让城市的"烟火气"更有"文明味"。

暂时不贴罚单，柔性执法彰显"好客淄博"。大量游客涌入淄博为城市管理、交通治理等方面带来空前压力。城市管理方面，妥善处理严格执法与热情服务的关系。城市管理局认真落实住建部 70% 服务、20% 管理、10% 执法的"721"工作法，扎实开展城市管理工作。严格按照"四先三到位"[①]工作要求开展执法工作。通过"职业互换体验""大手拉小手"等活动，让城管队员换位思考，注重服务民生。持续开展各类市容秩序专项整治，落实首违免罚制度，推行柔性执法，解决老百姓急难愁盼问题，营造干净整洁的生活环境。慎用行政处罚，通过摆事实、讲道理，以批评教育为主、轻处罚、重服务等举措解决问题，减少当事人抵触心理。交通治理方面，"淄博烧烤"爆火后，交通拥堵、违规停车等现象屡见不鲜。市公安局启动应急状态管理，出台 8 项惠民政策，对外地违规停放的车辆不贴罚单；同时，由政府出资迅速提升路面平整度，针对热门打卡点修建停车位，将政府机关、国企等停车场对外地游客开放，缓解停车难问题，尽显"好客山东、好客淄博"的情怀。

3. 宏观调控、有效市场

重视有效市场，市场监管部门勇挑重担。市场监管部门主要履行四项

---

① 敬礼在先、亮证在先、告知在先、文明称呼在先，做到宣传到位、教育到位、程序到位。

职责，保食品安全，保价格稳定，保计量准确，保护消费者权益。其中，食品安全是保障长红的基础条件之一。淄博市市场监督管理局及时强化分析研判、教育培训、检查执法、应急处理等工作，同时，省市上下联动，共同保障淄博烧烤发展秩序，维护淄博烧烤品牌形象。价格监管方面，健全风险研判会商机制，充分发挥部门内部职能协调、部门单位协同联动、市及区县上下一致"三位一体"市场价格调控监测监管机制优势；健全常态化监督检查机制，紧盯烧烤店、酒店等重点领域，加密重点监管时段执法检查频次；健全"普法走在执法前"提醒告诫机制，引导规范经营，通过签订承诺书、发放提醒函等方式，及时进行价格政策提醒告诫。

4. 策划调整、适时助推

淄博市紧紧把握"烧烤流量"机遇，迅速反应，主动求变，联动各区县景区，深入开展主题活动，推出惠民政策，多维度宣推文旅资源，更好地满足、丰富广大游客烧烤加旅行的体验，积极推动烧烤"流量"变为文旅"留量"，彰显淄博城市形象。

积极承接流量，推出系列特色活动，丰富供给引流。围绕"烧烤+文旅"，精准对接游客需求，策划推出五大文旅有机产品和10条主题线路。及时开展活动引流，强化策划意识。举办"翰墨华章 书画淄博"活动，以书画艺术凝聚起广大人民爱淄博兴淄博的磅礴伟业。借力借势借流量，提振文旅消费市场。迅速落实门票减免政策，实施景区首到票减免、打折优惠等举措，动态发挥市场主体作用，形成政企协作引流合力。截至7月，累计减免门票3300多万元，带动"二次消费"5000万元。发放文旅惠民消费券，重点补贴A级景区、星级饭店、星级民宿、文创产品、非遗产品等领域。主动服务流量，提升游客体验。开展专项检查，提升服务品质，维护市场秩序，加强行业综合执法，及时发现、制止并依法查处违法、违规行为。

（三）公民层面：市民精神、公共情怀

淄博市作为一个新晋的网红城市，不仅因其独特的烧烤美食而受到网络关注，更因其市民的热心和正义感而备受称赞。在这生于斯长于斯的土地之上，淄博人因见证着也经历着这座城市日新月异的发展而倍感自豪。"我是作为一名地道的淄博人，对于本地人来说，淄博的火真是让我打心底里十分的骄傲。"（20230712LZSTY①）尽管游客的增多为本地居民生活带来诸多不便，但淄博人在自身利益与城市集体利益的平衡中果断地选择了后者，彰显了淄博人的市民精神和公共情怀。众多志愿者纷纷上阵，自发地维护城市秩序、服务游客，让来此的八方宾客感受到了这座城市如火的热情。

"我们还成立了志愿队，就是市直部门的志愿队，还有各个学校的志愿队，现在都赶过来了"（20230712ZBZF）。在烧烤城，"各种企业啊、社区啊、街道啊的志愿者都有来帮忙的"（20230509LZSJ）。八大局便民市场周围全部是居民楼，市场和居民生活已经变成不可分割的整体，"现在，我们社区也都建立了志愿服务岗，每天有公益岗和志愿者配合，共同为便民市场提供服务"（20230509ZDFWZ）。为了更好地服务市场，服务居民，服务快递员、环卫工等户外工作人员，市场建立了1处党群服务站和6处新时代文明实践志愿服务站，提供休息、饮水、手机充电等服务。"人多了之后社区就在这里搭了这个小房子，为过路旅客提供便捷，街两头还有志愿者帮忙免费看管行李。"（20230509ZDFWZ）淄博市民善意、热情的行动给游客带来味觉和感性上的碰撞，淄博人民也通过自己的实际行动，诠释了"民间小确幸"和"城市大情怀"的精神内涵。

（四）社会层面：广泛动员、积极参与

为规范提升烧烤行业，2023年4月11日淄博市烧烤协会经批准成立，并由市商务局作为其业务指导单位。作为行业协会类型的社会组织，市烧烤协会业务范围是协助政府制定淄博烧烤发展规划和行业性规定；组织交流烧烤行业经营经验，开展烧烤各项业务培训，组织技术交流协作等。"我

---

① 资料编码：前8位数字为课题组访谈时间，中间2位大写字母为访谈地点，后3位大写字母为访谈对象。

们烧烤协会会长在接受采访的时候，说了一句话，我们都是为淄博荣誉而战，我们都是战士，我们挣钱不挣钱那就无所谓了。"（20230725ZDZCY）淄博市烧烤协会开展系列工作，保障烧烤行业的规范化发展：一是制定淄博市烧烤协会会员管理制度，严格吸收会员单位；二是加强行业自律，倡议合法守规经营，给外地游客更好的体验；三是规范烧烤经营，打造全产业链标准化，联合淄博市标准化研究院制定《淄博烧烤技术服务规范》。

流量城市治理面临多重挑战，诸多流量在城市内外快速流动加剧了城市治理环境的复杂性和治理对象的不确定性，这对城市治理的精细化程度和问题解决速度都提出了更高的要求。只有从根本上改变城市治理的运作模式，才能更好地满足流量时代下城市治理的需要，而敏捷治理就是方案之一。敏捷治理旨在构建一种能够快速且灵敏应对公众需求的治理模式来提升组织运营效率并改善用户体验。同时，基层治理涉及大量公共部门和私人部门的互动，而敏捷文化能够在多元主体间建立合作机制，协调多元主体参与以实现治理目标。

三、流量城市治理模式提炼

城市突然走红最考验治理体制机制是否敏捷，各方面基础设施能否支撑等。根据前期的调研，淄博市政府在"淄博烧烤"突然爆火的情景下，面对人口大量涌入等带来的治理要素突变，敏锐感知、迅速响应，突破传统的治理惯性，主动将疫情时期形成的应对非常态事件的敏捷文化和反应机制转换至现有的工作中来，充分调动社会多元治理主体的积极性和能动性，上下联动，有效整合社会资源，敏捷应对风险，达到了"市场有效、政府有为、社会有序、公民有情"整体治理效果。

（一）治理对象：顾客导向，以人为本

淄博市认真听取社会、公民、商家、游客等各类主体的声音，把顾客需求作为政策制定的依据，力求降低用户成本、提高服务效率。"回来以后，我们内部（商务局）开了个闭门会，范围很小。大家就坐一块头脑风暴，你作为一个游客到了一个陌生的城市，你会遇到什么样的问题。"（20230712LZYQD）淄博市商务局以问题为导向，具有明确的用户思维，通过精准定位服务群体、明晰群体需求，逆推政府职责。

"淄博烧烤"的爆火无疑将执法人员置于显微镜之下。城管执法人员强调，"对，一直都带着手机看我们。我们的执法，都带着执法记录仪，因为不带可能会被投诉，而且带上也能清楚地记录事情，避免纷争。"（20230713LZWLM）执法记录仪的佩戴和完善的执法流程，既保证了执法的质量和透明度，也对执法者自身进行了保护，使其更有信心行使自由裁量权。社区和街道作为主要用户，他们的声音不容忽视。2020年开始，八大局便民市场所在的街道办开展每年2次的满意度大走访工作，深入居民家中问计于民，针对居民提出的诉求与对有关街道办工作的建议进行及时回应。"淄博烧烤"爆火之际，街道对周边的2个社区、4864户居民进行3次入户调查，倾听居民心声，降低了民众与政府互动和沟通的成本，彰显"以人为本"的行动价值。面对民众的诉求，街道办、网格员和社区工作者协调联动做到即刻解决。同时，街道办对八大局市场周边的住宅进行微提升微改造工程。"我们领导说八大局（便民服务市场）爆火不光要给商家带来利益，更重要的是要惠及我们周边的居民。"（20230713LZDW）整个治理工作将百姓放在心上，真正做到提升百姓的幸福感。

（二）治理节奏：快速回应，尽早介入

面对"淄博烧烤"爆火带来的全新情况，淄博市委、市政府以极强的敏锐性迅速做出部署。淄博市政府压缩决策链条，在问题完全浮现之前更快、更早地做出响应。

一是迅速建立组织体系。"淄博烧烤"火爆出圈后，淄博市成立了"烧烤专班"，抽调各个单位的工作人员，分别负责相应的工作。各县区高效率地建立工作机制，统筹包括烧烤在内的提振消费的各环节工作，实行集中办公，联席会议机制让许多行之有效的工作制度发挥迅速响应、统筹协调的能力。

二是立刻规范行业发展。市政府有关部门敏捷地成立淄博市烧烤协会，推动注册"淄博烧烤"集体商标。制定团体标准，通过协会向烧烤业先后发出加强行业自律、禁售白酒、避免噪音照明、每周轮休等倡议。落实一店一码，推动符合条件的 1922 家烧烤店铺入驻智慧库。提出不得擅自建设烧烤城、防止出现噪音扰民等要求，同时，牵头制定优化消费环境、推动烧烤产业高质量发展部门职责清单等制度措施。

三是及时优化舆论环境。3 月，多个带有"淄博烧烤"字样的词条在各大网络平台传播，热度不断攀升，淄博市突然被置于聚光灯下。为防止事件随着网络传播不断发酵进而发展成为大的舆情，3 月 10 日，淄博市政府新闻办公室组织召开新闻发布会，就打造"淄博烧烤"美食品牌人才金政、招才引智等政策措施进行发布。以市文明办名义，发出《致全市人民的一封信》，体现淄博市民、政府博大的胸怀和对烧烤产业负责的态度，稳稳地接住了热度，赢得民众赞誉。

四是迅捷提升服务水平。淄博市政府第一时间强化交通保障，联系铁路部门开行济南至淄博周末"文旅"专列，加密 42 条常规公交线路，第一时间增设 21 条"烧烤"专线，发布道路拥堵提示信息，做好道路交通疏导。督促企业严格计价收费，严厉打击拒绝载客现象，免费开放 207 个机关事业单位停车场，增加停车位供给。密切关注全市酒店入住情况，及时发布预定情况，加强价格管控。

（三）治理举措：弹性适应，渐进迭代

突如其来的"流量"使得政府每天面对的情况千变万化，政府不仅要回应迅捷，还要调整及时，适时对"淄博烧烤"的应对举措进行创新。淄博根据流量激增所引发的错综复杂情形快速研判，及时调整举措，从理念到组织机制不断升级，成效显著。

"淄博烧烤"爆火初期，淄博市政府积极承接热度，各部门迅速行动，通过各部门积极作为，调动全市力量为"淄博烧烤"保驾护航。"火这个事情不是说我们能主导、能说了算，但是我们能控制节奏和流向，能平稳有序地推进，能最大化地体现淄博的知名度，能把淄博的影响力打出去，把我们市民的精气神聚起来。所以说这是顺势而为的结果。"（20230711LZXHT）为应对游客大量涌入造成的就餐难和交通拥堵等问题，淄博市及时整合信息创建"智慧淄博烧烤服务"小程序，实时发布各地人流情况。发改委等部门灵活调动市内各地空余停车位和紧急房源，消解游客对停车难和住房难的担忧。

淄博市最初大力引流的举措存在不可预见性，因此，政府从一开始就做好准备依据情况及时做出动态调整。淄博烧烤的火爆并没有使政府沉迷于一时的短线快钱，而是在热浪滚滚之际，根据淄博实际的接待能力就淄博烧烤进行了冷思考，理性降温。2023年4月10日成立淄博烧烤联席会议机制，设立1个办公室和5个专班。4月中旬，为妥善统筹发展与安全、近期与长远的关系，淄博市及时将其调整为提振消费联席会议机制，专班由原来的5个扩充为10个。4月26日，淄博市发布《致广大游客朋友的一封信》，"旅行贵在品质"，为保证旅行体验，建议游客错峰出行，同时，淄博还不忘推荐一把山东省内的兄弟城市，字字句句尽显淄博的大格局，字里行间的真诚也感动了无数网友。

（四）治理关系：注重合作，双向互动

在"淄博现象"中，党委政府与市场、社会、公民各主体间互动合作，其中，党委政府起关键引领作用。各类主体在双向动态互动中分享信息、积累知识、达成共识、协同行动，治理质量和水平由此在发现症结、解决优化的良性循环中不断得到提升乃至发生跃迁。[①]多主体参与注重互动合作，如下图所示：

---

① 赵静，薛澜，吴冠生.敏捷思维引领城市治理转型：对多城市治理实践的分析 [J].中国行政管理，2021(08)：49-54.

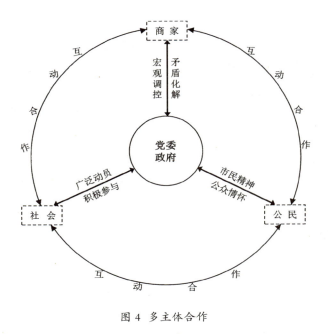

图 4 多主体合作

"淄博烧烤"爆火之后，公共需求增加和公共服务供给不足加速推进政府与各类主体间的合作。政府不仅需要回应公民需求，提供与之匹配的公共服务，更重要的是作为引导者，引导各类主体信息共享、互动合作、及时反馈，以便促进政策在动态评估中及时做出灵活调整。

在党委政府引领下，要求商家合理控价，组织成立"烧烤协会"、入驻智慧网络平台、实行"一店一码"等举措充分激发市场活力。以八大局便民市场为例，借烧烤之东风，该市场人流量激增，但商家在爆火后并没有选择坐地起价、漫天要价，不仅保持了原本的低定价，大多数商家还推出了免费试吃的服务。"你站在这儿吃一天都可以。因为我们一直在这儿（经营），不诚信是没有长远发展的。"（20230509ZDSJ）早在 2021 年，八大局便民市场所在的张店区就启动了社会信用体系建设，形成区委、区政府部门主要负责人"双挂帅"机制，先后制定《张店区社会信用体系建设实施方案》等 57 个有关文件，用制度保障将淄博人骨子里的诚信升华，点燃街巷间的浓浓烟火。此外，淄博各区的烧烤商家在政府牵头下成立了烧烤协会，提出加强行业自律，避免噪音扰民，每周轮休等倡议；在张店区，如果发现缺斤少两、欺客宰客的商家，不等政府的处分下来，张店区烧烤协会就先对涉事商家进行劝告引导，商家自治、行业自律取得显著成效。

社会以企业、党委、工作单位等为依托，通过组建志愿服务队、参与旅游服务供给等方式，充分发挥社会力量，形成了具有社会化和创新性的公共服务提供模式。淄博市单一个平台注册登记的志愿队伍有 3 万多支，线上活动每年超 10 万次。全市注册的社会组织有 4000 多家，网格员、NGO（非政府组织）等社会力量与政府部门协调联动，在进行信息搜集、维护社会治安、普及法律知识等领域发挥了重要作用。

当地人民淳朴善良、热情好客，自发支持政府工作，服务外来游客。志愿者走上街头为游客进行引导，烧烤经营者自觉诚信经营维护城市形象，普通民众自发为外地游客送上礼物等场景在淄博随处上演。在这场以美食为媒介的"赶烤"之路中，淄博市民心往一处想、劲往一处使，共同努力维护城市形象，体现了极高的责任感和荣誉感，充分体现了市民精神，展现好客山东、好客淄博的壮美图景。淄博市紧紧依靠人民，充分调动市民的主动性、创造性，汇聚起城市建设的强大合力，建设成了人人有责、人人尽责、人人享有的社会治理共同体，实现了城市治理中的"共建、共治、共享"。

（五）治理成效：市场有效、政府有为、社会有序、公民有情

"淄博烧烤"爆火看似偶然，实则蕴含着必然。不难想象，如果没有淄博长期的城市精细管理和对露天烧烤的"壮士断腕般治理"，恐怕很难"火"这么长时间。在"淄博烧烤"大考中，淄博市政府、市场、社会、公民以实际行动诠释了中国治理体制机制的优越性。正是这一政治优势，不断强化着全社会的集体意识、国家观念、家国情怀，激励人们同心同德、无私奉献，汇聚起共克时艰、共渡难关的磅礴力量。[①] 根据前期调研，我们发现有如下关键因素一直被广泛提及，可以将其总结如表 1 所示：

---

① 于滨.疫情防控彰显中国特色社会主义制度优越性 [J].学校党建与思想教育，2020(10)：16–18.

表1 淄博经验

淄博经验："四有"			
市场有效、政府有为、社会有序、公民有情			
市场快速发展，需求急速提升，给城市治理带来巨大挑战			
行动主体		面临问题	行动策略
党政领导	市委、市政府主要领导	要烧烤的火热还是社会的安全稳定？	顺势而为 担当作为
政府机构	联席会议	碎片化的政府如何横向联动、纵向指挥？	快速联动 响应及时
	宣传、网信、公安	正面帖子何时助推？负面舆论如何及时管理？	舆情引导 网络宣传
	政法、公安、城管、市场监管	大量外地人涌入，短期内如何执法？柔性还是严格？本地人与外地人矛盾如何化解？	执法有度 矛盾化解 宏观调控
	商务局、文旅	烧烤系列活动何时策划？火爆程度如何把控？	策划调整 适时助推
社会力量	基层政府、网格员、社会组织	基层矛盾如何化解？内外矛盾如何平衡？	广泛动员 积极参与 公共服务
公民	本地市民	自身利益与城市集体利益谁更重要？	市民精神 公共情怀

四、流量城市敏捷治理启示

"网红"城市如何将流量变"留量"，这是每个希冀以"流量"一展雄风的城市亟待思考的问题。流量时代背景下，淄博作为备受社会关注并取得赞誉的城市，从到"淄博赶烤"迈向"淄博取经"，这样的成功并非单纯的偶然事件，而是有迹可循。淄博这座新晋"网红城市"的蜕变之路凝结成了淄博经验，为同类型的城市带来诸多启示。

（一）治理价值坚持人民至上

在推进国家治理体系和治理能力现代化的背景下，城市要进行"敏捷治理"的首要前提是通过各类创新性措施强化人民群众的主体地位。坚持"人性化"的治理态度，人性化是构建和谐社会的关键所在。人与城的故事往往是始于流量，而真正能留得住人、留得住人心，让"流量"变"留量"的，却是城市治理过程中所彰显出来的"人民至上"的温度。坚持人民城市人民建，人民城市为人民，以城市规划彰显人文情怀，以民生小事折射治理温度。流量城市要将人性化的考量纳入城市治理之中，充分考虑人民的利益，真正做到民有所需、政有所为。

一是要关注流量群体。青年群体朝气蓬勃、自带流量，是宣传的"主力军"。年轻人的爱好与追捧通常会制造一波又一波的热点。积极打造时尚活力、青年友好的城市形象，学习青年文化，结合新业态，营造属于年轻人的娱乐空间，充分激发年轻群体的消费潜力。同时，百舸争流的时代需要勇立潮头、奋发有为的弄潮儿。各地应当因地制宜打造青年发展型城市，为青年群体提供更多发展机会，做到"迎得来"也"留得下"青年。

二是坚守"诚信"理念。流量的底色始终是朴实无华的初心信念与诚信经营。真正推动"流量"变为"留量"的动力在于职能部门、市场主体和市民百姓共同坚持的诚信底线。以更加"有为的政府"构建更加"有效的市场"，才能推动城市发展。

三是以百姓为基。水能载舟，亦能覆舟。流量时代对本地居民的荣誉感和责任感的调动在很大程度上影响着城市发展。政府要做到在"流量至上"的喧嚣中保持定力和洞见，切实关注民生所需，服务好外来游客的同时兼顾本地居民的利益。

（二）治理结构纳入多元力量

"流量"波动造成城市结构日渐复杂，城市治理难度不断增大，敏捷治理要求凝聚社会合力进行城市治理。党的十九大报告提出，完善党委领导、政府负责、社会协同、公众参与、法治保障的社会治理体制。党发挥总揽全局、协调各方的领导核心作用是我国社会主义政治制度优越性的一个突出特点，因此，党政主导下的多元共治更适应我国当前城市治理的现实需要。

从治理理论的视角出发，党政主导下的多元共治，是指在基层党组织领导和基层政府主导下，社区居委会、社区居民、市场组织、社会组织等社区主体，基于社区发展的公共利益，通过强化彼此认同、开展协商合作等集体行动，在有效提供社区公共物品、满足社区发展需求、提高社区居民生活质量的基础上，实现社区优良公共秩序的过程。要充分考虑不同地区的城市经济社会发展水平，因地制宜，坚持在党委的领导下发挥政府主导作用，通过不断发挥城市内多元主体的作用，促进党委、政府、公民、社会组织等主体参与城市治理，有利于打破主体间"隔阂"，促进各类主体间相互信任、紧密联系、良性互动，形成多方力量共同参与城市治理的格局，进一步释放城市治理的潜能，为流量时代敏捷治理提供良性发展的空间。

（三）治理工具运用数字技术

流量时代的城市治理离不开数据资源的赋能。数字技术在城市治理中的运用，为政府提供了更加快速、灵活、普适的治理工具，治理工具的数字化转型进一步促进城市的敏捷治理。提升数字技术赋能现实的效率，对城市面临的新问题及时运用数字技术加以解决，缩短数字技术向发挥实际效用转化链条。加大数字技术推广的深度和广度，以网格为基础，通过网格员实地走访完善数据库，及时进行信息整合。坚持数字技术为民服务的初心，搭建相关平台，畅通群众利益诉求渠道。提高全民信息素养，增强全民数字化治理参与感和获得感，充分释放数字红利。同时，城市要积极防范应用数字技术带来的风险和挑战。数字技术的推广不但改变着人类生活环境和生活方式，还影响着人类的行为举止和价值观点，带来潜在风险。政府在运用数字资源进行城市治理时，要注意避免个人隐私泄露和数字伦理安全等风险。

（四）闭环流程提高治理效率：快速感知——敏捷回应——灵活适应——高效处置

流量时代的敏捷治理需要构建一个全生命周期的治理流程以适应城市不断变化的内外部环境，快速、有效地回应城市治理面临的复杂问题和公众诉求。在某种意义上而言，这种全链条衔接的治理流程能够保证在较短的时间内高效处置与解决超大城市的治理问题，提升超大城市治理效率。[1]"淄博烧烤"在发展过程中形成的"快速感知——敏捷回应——灵活适应——高效处置"的闭环流程有效应对流量挑战。

快速感知要求政府健全城市感知体系，增强城市精细化感知能力。无论何时何地，让城市感知当地实时动态，精准捕捉治理问题，研判城市运行的趋势与规律，提前发现城市潜在风险，及时发布预警信息，为城市治理提供信息支撑，既"快"又"准"地为城市治理进行问题识别和供给匹配。

敏捷回应要求政府以公众需求为导向，通过多种举措增强与民众的沟通能力，并在上下督办的流程下实现问题的快速处置，这一机制实质上就是敏捷治理适应性、灵活性的体现。[2]

灵活适应要求政府在城市治理中统筹好"稳定"与"灵活"二者对立统一的关系。敏捷治理与传统治理相比，更为强调稳定性与灵活性的融合，注重以不同规则及要素的彼此互构形塑优化超大城市治理能力，驱动治理过程柔韧化。[3]

高效处置要求政府在城市治理中深度学习敏捷文化。对疫情时期应对重大卫生事件所形成的机制体制进行转化，通过制度创新和组织变革，发挥动员全员能力。同时，需克服敏捷文化与官僚制之间存在的天然张力，给予基层官僚更多自由裁量和试错机会。[4]

---

① 顾丽梅，宋晔琴. 超大城市敏捷治理的路径及其优化研究——基于上海市"一网统管"回应社情民意实践的分析 [J]. 中国行政管理，2023(06)：6-14.

② 容志. 数字化转型如何助推城市敏捷治理？——基于 S 市 X 区"两网融合"建设的案例研究 [J]. 行政论坛，2022，29(04)：71-80.

③ 顾丽梅，宋晔琴. 超大城市敏捷治理的路径及其优化研究——基于上海市"一网统管"回应社情民意实践的分析 [J]. 中国行政管理，2023(06)：6-14.

④ 赵静，薛澜，吴冠生. 敏捷思维引领城市治理转型：对多城市治理实践的分析 [J]. 中国行政管理，2021(08)：49-54.

媒介化城市治理的模式探索

——"淄博现象"调研报告

刘明洋　戴元初　吕晓峰　李圆　赵一梅　厉程[*]

摘要：报告从媒介化社会与城市治理现代化相关背景入手，提出媒介化城市治理的学术概念及其实践价值。通过对"淄博现象"反映的媒介化城市治理现实的调研分析，总结淄博市在媒介化城市治理方面的重要探索和举措，提炼出淄博媒介化城市治理的"五维模式"，探讨基于"淄博经验"的媒介化城市治理现代化格局。所谓"五维模式"，即治理主体维度，依托多元共治，设置治理议程；治理方式维度，贯通线上线下，联动共建场景；治理动力维度，主张以情为媒，调动治理效能；治理机制维度，强调引领主流，整体治理舆论；治理效果维度，通过媒介赋能，增益品牌价值。媒介化城市治理的现代化格局，即以城市治理为轴心、以媒介赋能为纽带，构建"共治"为行动导向、"诚治"为战略方向、"言治"为内容指向、"韧治"为价值取向、"智治"为技术航向的城市治理媒介化体系。运用这一体系，善用媒介化思维和手段，将为中国式现代化新背景下开拓新时代中国城市治理新格局提供有益借鉴和参考经验。

关键词：媒介化　城市治理　淄博现象　五维体系

---

* 刘明洋，山东大学新闻传播学院教授；戴元初，山东大学新闻传播学院教授；吕晓峰，山东大学新闻传播学院博士后；李圆，山东大学新闻传播学院博士生；赵一梅，山东大学新闻传播学院博士研究生；厉程，山东大学新闻传播学院博士研究生。

一、调研背景

党的十九届四中全会提出，必须加强和创新社会治理，完善党委领导、政府负责、民主协商、社会协同、公众参与、法治保障、科技支撑的社会治理体系，建设人人有责、人人尽责、人人享有的社会治理共同体。[①] 党的二十大报告进一步强调，要完善社会治理体系，健全共建共治共享的社会治理制度，提升社会治理效能。[②] "城市治理"是多元主体相互合作共同解决城市公共问题和实现城市公共利益最大化的过程和机制[③]，旨在"共建共治共享"，是推进国家治理体系和治理能力现代化的重要环节。

无媒介，无世界。随着现代信息传播技术的高速发展，我们已然生活在"万物皆媒"的媒介化社会之中。从媒介化生活到媒介化生存，我们无时无处不置身于媒介构建的拟态环境和信息海洋之中。媒介不再只是信息的传递者，更承载着提供公共服务、引导舆论的重要职责，由此，媒介与城市治理相互融合、共同演化。而城市治理现代化亟待探索具有多元共振力、协调联动力、情感传播力、舆论引导力、社会影响力的城市治理模式。媒介化城市治理则开辟了一条新道路。媒介化城市治理是指在城市管理和决策中，利用各种媒体渠道和技术手段来实现信息传递、民众参与和政府决策的互动。它将传统的社会治理方式与现代"万物皆媒"的社会特质相结合，通过多元媒介，使城市治理更加高效，效果更加显著。

---

① 中共中央关于坚持和完善中国特色社会主义制度推进国家治理体系和治理能力现代化若干重大问题的决定，2019 年 10 月 31 日中国共产党第十九届中央委员会第四次全体会议通过，新华社，2019-11-06。

② 习近平，高举中国特色社会主义伟大旗帜为全面建设社会主义现代化国家而团结奋斗——在中国共产党第二十次全国代表大会上的报告，2022 年 10 月 16 日，新华社北京 10 月 25 日电。

③ 王海荣．空间理论视阈下当代中国城市治理研究 [D]．吉林大学，2019：80.

2023 年 3 月以来,"淄博烧烤"成为火爆全网的流量焦点,借由话题的加持所引发的"淄博现象",映射出媒介与城市治理的深度融合。在"淄博烧烤"出圈的进程中,媒介充分发挥城市治理的驱动优势,以品牌的建设者、信息的传播者、情感的培育者、思想的引领者、动员的组织者等身份全面参与城市治理体系构建,为城市治理模式创新做出了积极探索。

二、"淄博现象":媒介化城市治理的重要探索

(一)"淄博现象"的媒介化特征

1. 从"淄博烧烤"到"淄博现象"的媒介传播过程

"淄博烧烤"的火热早在 2020 年就已经有迹可循。2020 年 9 月 19—20 日,淄博市举办首届麦田音乐节,歌手薛之谦在音乐节现场推介"淄博烧烤",吸引一大波网友慕名前来品尝"淄博烧烤"。

2021 年 5 月 24 日、6 月 11 日,知名美食博主"盗月社食遇记""特别鸟啦啦"相继到淄博打卡、探店,分别发布 Vlog 短视频,"淄博烧烤"在业界的人气一路水涨船高,"烧烤卷小饼"成为了淄博烧烤专属动作,吸引越来越多的外地游客来到淄博品尝。

2021 年 7 月 15 日,策划推出短视频《聚四海好友,串五味人生,淄博烧烤带你品品人间烟火气》,传播突破 10 万。27 日,策划制作的"烧烤地图!摇约吧!淄博烧烤!"小程序,吸引 5 万人参与互动。

2021 年 9—10 月,先后组织开展"五好城市·V 游边""五好城市·DOU 看淄博""烧烤一串,尽事'淄'味"等活动,发布中英双语版视频《淄博食堂奇妙夜》,以"鲁菜+人文"引出淄博烧烤的累计播放量达 1530 万,邀请"学好姐姐"等达人拍摄的《淄博烧烤开始人传人了》爆款短视频,播放量达 2350 万人次。

2021 年 12 月,与《人生一串》六城围炉流动放映会联合主办《人生一串》第三季淄博站活动,"淄博烧烤"的热度再度提升。

2023 年 2 月 25 日,邀请全网 2000 万粉丝的大 V "大漠权权"到周村大街户外直播，推荐"淄博烧烤"。

2023年3月4日，一则"大学生组团到淄博吃烧烤"的词条登顶同城热搜榜榜首。之后，"大学生组团到淄博撸串！淄博火车站一日到发人数创新高！""山东的大学生一半吃烧烤一半爬泰山""大学生解锁撸串标准姿势""淄博烧烤定制公交专线来了"等段子和视频相继在网络爆火，"淄博烧烤"再次"出圈"，成为网络现象级传播案例。

2023年3月5日，市委、市政府召开宣传策划会，组织市属媒体和驻站媒体跟进宣传，给自媒体提供了大量的新闻素材，不仅包括淄博烧烤的内容，还包括一些文化相关元素。

2023年3月10日，淄博市政府新闻办公室召开新闻发布会，官宣了烧烤地图、营销专线、旅游线路等。这一轮宣传自媒体跟进的速度非常快，市属媒体也跟进做补充宣传。同时，大批主流媒体，包括央视、省级主流媒体前来跟踪报道或网络直播，此时淄博烧烤受到的关注呈几何量的增长。与此同时，淄博本地市属媒体开始有意识地向烧烤以外的内容进行宣传引流。

2023年3月17日，市委宣传部召开"诸葛亮会"，召集了市场监管，商务、文旅、团市委等部门，共同梳理舆情风险点，为下一步舆情工作进行部署。

临近"五一"假期，淄博市本地媒体不再单纯着力于淄博烧烤的宣传，而是将重点放在对文化产业的引流上。如琉璃大观园在此之前一直客流量很少，淄博的火爆出圈，使得琉璃大观园十几年的货全部清空，这也侧面反映了此时淄博的火爆不再局限于烧烤方面。

"五一"期间，淄博市客流量暴增，5月1日当天达到了121万人次。众多游客来淄博体验烧烤的同时，也感受到了淄博的多样魅力。网络上关于淄博的话题不只局限于"淄博烧烤"，更多的是关于淄博的文化、诚信、热情等多个方面。由此，"淄博烧烤"演化为"淄博现象"，淄博作为多面体的热度不减。

在融媒体时代，"淄博烧烤"凭借媒介优势，突破了地理空间的桎梏与媒介传播的局限，在一次次的媒介事件中不断发酵并最终成为全网关注的流量话题和值得研究关注的"淄博现象"。顶层设计的引导、技术的变革、城市治理问题的复杂化、城市治理需求的多样化，驱动着淄博市以治理为导向的全媒体平台建设的探索，为淄博市媒介化城市治理开拓了新格局。

2. 从"淄博烧烤"到"淄博现象"的媒介传播特征

第一，"淄博烧烤"传播话题的热度持续时间长，超过一般互联网热门事件的话题热度周期。淄博烧烤的话题从 3 月开始，一直持续到 8 月，超过了一般的互联网事件。通常，互联网上的热点话题往往在短时间内迅速升温，然后很快消退。然而，淄博烧烤话题却能够长时间引发人们的关注和讨论，持续时间较长。这与淄博这座城市塑造的独特魅力以及人们对美食的热爱有关。

第二，"淄博烧烤"火爆出圈的整个传播过程保持了平稳的舆论态势，没有出现舆论极化和舆情翻转现象。在互联网中，热点话题往往会引发激烈的争议和舆论分歧，甚至出现舆情的剧烈波动。淄博在舆论引导方面的做法值得借鉴。例如，政府建立了联动机制和快速反应机制，整体把控舆论态势，主动发现舆论风险点并及时规避。政府还建立了清晰的边界感，做好分内之事，敢于让舆论"飞一会儿"，并且具备相当强的定力，不被舆论牵着鼻子走。最终，"淄博烧烤"话题以其独特的魅力和亲和力，避免了大规模的舆论极化和舆情翻转。

第三，"淄博现象"表现出的是接续性和持续性传播话题的出现、转化和引流。除了淄博烧烤本身，后续的艺术家作画、《聊斋志异》等相关话题也引发了人们的广泛关注和讨论。如淄博市开展"'好品山东'网络名人走进淄博采风"等系列活动，引导网络媒体刊发《鲁菜发源地让你美味享不停》等稿件 260 余篇，组织网评员队伍推出系列评论文章，积极引导淄博烧烤的热度和流量向齐文化、鲁菜发源地、淄博旅游、城市形象等方面分流。这种接续性和持续性的话题转化和引流，使得"淄博现象"相关话题得以延续并持续引发人们的兴趣。

3. 从"淄博烧烤"到"淄博现象"的媒介传播基础

"淄博现象"作为一种媒介现象，得益于该地区的媒介发达程度高、信息供给充足，社会全体成员积极参与信息传播，以及当地政府充分利用媒介的力量。这种现象的出现是媒介技术和社会传播紧密结合的结果。

第一，淄博地区的媒介发达程度高。在媒体融合的大背景下，淄博全力打造全媒体传播体系，在内容生产上，建立了策、采、编、审、发、评、馈的媒体融合内容生产指挥调度机制，主要涵盖线索汇聚、选题素材共享、内容生产、资源调度、流程管理、考核反馈等功能，实现了媒体融合格局下"一次采集、多元生成，多渠道传播"的全新工作机制和全媒体融合效果。

第二，淄博地区的信息供给充足。淄博共有 22 家主流媒体驻站，不仅有大量的新闻机构和媒体组织，还有众多的自媒体和社交媒体平台。这些媒介机构和平台不断提供各种各样的信息内容，满足了人们对信息的需求。信息的充足供给使得淄博地区的居民能够更加全面地了解社会动态和各种事件。

第三，淄博地区的社会全员参与传播。在这个地区，人们对于信息的传播有着高度的参与度。无论是通过传统媒体还是社交媒体，人们都积极地传播和分享各种信息。这种社会全员参与传播的现象，使得信息能够更加广泛地传播，形成了"淄博现象"的特点。

第四，淄博地区的政府充分运用媒介的合力。政府在信息传播方面发挥了积极的作用，利用媒介渠道向公众传递政策信息，如报纸、广播、电视、互联网等，使得广大市民能够及时了解到政府的最新政策和措施。并且，政府利用媒介渠道传递政策信息的方式多样化，既有文字报道，也有图片、视频等多媒体形式，能够更好地满足市民对不同形式信息的需求。同时，政府通过运用媒介合力参与和引导，使得信息传播更加有序和有效。尤其是政府对媒体进行引导,使得媒体更加关注公共利益和社会稳定,提高了信息传播的质量和效果。

(二)"淄博现象"的城市治理价值

1.强化互联网思维,构建良好舆论治理生态

推进国家治理体系和治理能力现代化,在融媒体时代,城市治理必须强化互联网思维。自3月5日,话题"大学生组团到淄博吃烧烤"登上各大自媒体同城热榜后,《大众日报》、齐鲁网等当地主流媒体持续对"解读淄博烧烤之谜"等淄博烧烤相关内容争相报道,淄博市将互联网所带来的信息传播优势、舆论引导优势转化为推进城市治理的整体效能,推动城市治理的媒介化转向。在"淄博现象"中,政府的互联网思维重点体现在两个方面:一是具备用户思维;二是畅通信息渠道。

政府首先要具备用户思维。所谓用户思维,就是要明确服务的对象是哪些群体,这些群体有什么样的诉求或需求,有了问题导向之后逆推出政府各部门职责。3月6日,淄博市市长召集全市各部门领导就"淄博烧烤"的后续发展进行了汇报与探讨,此次会议明确了由淄博市商务局作为牵头部门来开展后续工作。而后,商务局内部召开闭门会,运用用户思维进行下一步的工作部署,内容紧紧围绕一个设问:如果你作为一个游客到了一个陌生的城市,你会遇到什么样的问题?会议总结并逐一分析了包括食品安全、交通、住宿、停车等20多个问题,倒推负责解决问题的部门与解决办法和手段。

同时,淄博政府针对不同的服务群体,发布了致市民、游客的两封信。这两封信一经发布,即刻在社交平台火爆刷屏,信件内容有温度、有情怀、有格局又接地气,体现了淄博市政府的责任和担当。"进淄赶烤"的各路大军涌入淄博后,淄博市于2023年4月19日发布了《致全市人民的一封信》,以此提升了淄博市民的凝聚力,强化了市民主人翁意识;2023年4月26日,淄博市发布了《致广大游客朋友的一封信》,建议游客错峰出游,同时为

山东其他城市引流。两封信的发布，将大众对于淄博烧烤的信任感与好感度迅速提升，通过舆论引领，构建良好舆论环境。

在畅通信息渠道方面，淄博市将重点放在打通舆情节点、畅通舆情信息渠道上。针对不同阶段、不同事件，政府各部门人员第一时间将网络上的负面舆情收集上报，及时整改和解决，并力求打通舆情信息的"最后一公里"，认真对待网络舆情反映的每一处细节。如出租车载客问题，乘客在平台上提交诉求以后，会在网上评论或发布视频，对此，相关部门都会一一回应。甚至在民众反映问题之前，就主动排查可能出现的问题。如在网络上看到有卫生问题但出处不明的视频，相关人员也会进行比对分析，将具体的地点找出来并进行整改。

2. 推动技术赋能，建设服务型智慧城市治理体系

融媒体时代背景下，5G、大数据、人工智能等技术的广泛应用，在推动数字媒体转型进程的同时，也为融媒体时代的内容生产、传播渠道等方面的发展与创新带来了强大的动力。淄博市广播电视台新媒体中心将智能技术不断地引入融媒体时代内容生产环节，打造出数字人虚拟主播"齐点点"[①]，实现内容生产模式创新，持续满足公众的信息需求和娱乐需求。此外，还利用大数据技术分析用户行为并预测其各方面的需求，通过用户画像创新服务功能，打造多样态、可视化的产品内容，不断借助融媒体时代技术的融合优势，提供更多优质的融媒文化产品与服务功能。

调查问卷数据显示，在服务上，超过九成淄博本地人同意"对淄博烧烤的服务感到满意"，并有92.6%的本地人认为"城市管理得好对淄博烧烤爆火有非常重要的影响"。这与淄博市上下合力共为，运用媒介技术整合媒介资源，搭建服务平台，夯实数字化管理等多措并举息息相关。

随着"淄博烧烤"话题热度的不断飙升，淄博市文旅产业在面对机遇

---

① 新媒体平台张静，梅颖. 媒体深度融合：淄博广电的路径探索 [J]. 全媒体探索，2023，(07)：37-38.

的同时也迎来了挑战。短时的供需失衡，不同的城市治理模式和文化差异，与络绎不绝、纷沓而至的游客的实际需求难免出现难以调和的矛盾。淄博市主动适应数字化经济时代的特征，主动上线"智慧淄博烧烤服务""您码上说·我马上办"等市政服务程序，为游客与市民提供及时的反馈渠道，更好地利用媒介化模式，参与到城市治理过程中来，显著地提高了市民生活质量与游客旅游体验。同时，联动医疗、教育、经济、民生等主要城市治理资源，助力媒体融合向纵深推进，打造为服务百姓生活服务的数字社会与智慧政府，以媒介化转型整体推动传播方式变革，共同推进媒介化城市治理新模式。

其中，淄博市推出"智慧淄博烧烤服务"微信小程序，以普适性为根本目标，并最大限度发挥其在旅游、招商等方面的效益。"智慧淄博烧烤服务"共整合 1684 家烧烤店、251 家鲁菜馆、76 个景区、1565 家酒店、45 个"网红打卡地"、61 个老字号店铺的相关信息，实现智能推荐、导航指引、火热程度展示和部分烧烤店预约等功能，发挥政府资源整合的作用，降低信息传递成本，积极满足公众需求。

同时，在"淄博现象"中，政府充分利用数字化管理手段，将大数据运用到政府工作的多个方面。如在烧烤节的组织管理中，运用大数据，即时获取现场的热力图，实时反映场地里的人流量，并通过移动、联通、电信的信号监测，根据人流量随时调整出入的调控方案。

3. 联动多级媒体，助力城市治理能力升级

当前，我国的社会治理方式已由单一的政府管理走向政府、公众与媒体多元的交互，更加注重社会各方渠道协同治理。多级媒体的联动应用，发挥媒介融合效能，同时精准把握自媒体，对于城市治理能力的升级有举足轻重的作用。

从"淄博烧烤"的媒体报道来看，在初期阶段，以山东省各主流媒体及机构融媒体的报道为主，如 3 月 17 日，《山东新闻联播》播出了时长 4

分 16 秒的报道《让流量变成留量，淄博烧烤火出了圈》。发展至白炽化阶段，央级媒体及全国性主流媒体跟进报道并发表评论，"淄博烧烤"话题度持续增加。如央视新闻频道发布了时长 454 秒的《淄博烧烤，为什么火爆出圈？》，深入展现了淄博烧烤的特色服务理念，并于第二天的《主播说联播》中再次提及淄博烧烤。而后，央级媒体与地方媒体联动，持续扩大用户在网络中的传播力。4 月中旬，淄博市广播电视台发布的短视频《淄博烧烤有多火爆，店主说一天 1 万串起步》，当时的点击量突破了 2800 万。同时，淄博市开通的"您码上说·我马上办"小程序，成为倾听游客建议的主要渠道。群众可以将停车难、就餐排队等问题通过小程序进行反馈，可以对城市管理、旅游配套设施等方面提出建议，使得多元媒体应用的新型媒介化实践方式助力城市治理能力升级。

"淄博烧烤"现象级出圈，已经成为媒介融合的成功案例。淄博市各区县的媒体融合实践逐步从"相加"迈向"相融"。如淄博市广播电视台涵盖 1 张报纸、4 个电视频道、3 个广播频率的传统新媒体形式，同时运作中华宽带网、齐点淄博 App 客户端的新媒体平台，传统媒体与新兴媒体形态之间多元协同，共同建立淄博全媒体融合传播矩阵、打造媒体融合产品，深度挖掘城市 IP 的打造，聚焦本土化特色，塑造城市新形象。

在多级媒体联动的过程中，精准把握自媒体对城市治理能力升级起到了重要作用。一是把握规律，看准自媒体。网红大 V 对于自己的粉丝数、流量都非常关心，他们用各种手段不断地增加自己的粉丝量，最终实现流量变现。在洞悉自媒体逐利这一方面之后，还要精准把握自媒体的心理规律，避免自媒体发出不和谐噪音。二是找准堵点，主动发现问题。在淄博烧烤火爆出圈之后，如何接得住这波流量，非常关键的环节就是比自媒体提前一步找到问题并精准整改。当自媒体还在琢磨怎么挑毛病的时候，淄博政府自己先行整改。淄博市政府在"淄博现象"中对自媒体的精准把握，不仅维护了城市的形象，也让自媒体主动加入维护"人好物美心齐"局面的阵营中，提升了城市治理能力。

4.借势媒体传播，构建城市品牌新形象

城市是传播文化的载体，也是不断生产文化的场域，城市形象关键词作为一种承载特定文化表征的重要元素，时刻参与着城市文化的生产。本课题组问卷调查数据显示，85.6%外地受访者同意一提到淄博这座城市就"能迅速地回忆起关于淄博的小吃、人文、风景等记忆"，并有88.3%的外地受访者认同"每当提起山东的'烧烤''齐文化发祥地''历史名城'，会想到淄博这座城市"。

"淄博烧烤"根植于淄博的历史发展，是淄博城市文化中的重要组成部分。以"淄博烧烤"为焦点的关键词成为城市历史与现实之间的纽带，是对这座城市独特文化的传承。通过对淄博城市关键词的延展，使得"淄博现象"成为不仅包含"烧烤"，更涵纳"热情""诚信""文化"等新关键词的现象级存在。

（1）以"淄博烧烤"为代表的城市"烟火气"形象。"淄博烧烤"作为历史象征关键词，起源于周朝齐国，是淄博地域性的饮食。从央视的《和为淄博》、山东卫视的《至味山东》、B站的美食纪录片《人生一串》，到"小饼烤炉加蘸料、烧烤'灵魂'三件套""大学生解锁撸串标准姿势"等段子和视频相继在各大社交网络爆火，多元参与者通过营造"烟火淄博"的城市形象，将淄博形象的关键词锁定于"淄博烧烤"。他们对其背后蕴含的两千多年的历史沉淀以及山东鲁菜的饮食文化内涵通过社交媒体进行传播，为食客营造出独特仪式感与场景感，让线上线下的参与者对以"淄博烧烤"为焦点的城市形象关键词留下了深刻印象。

（2）以"淄博现象"为契机的城市现代化新形象。3月份以来，"淄博烧烤"造就现象级"城市流量"，频繁登上自媒体"C位"排行榜，"淄博烧烤"在互联网的热浪下已成为有力的城市形象关键词，成为全网关注的焦点。在"淄博烧烤"爆火进入中期后，淄博的城市形象进一步由充满人间烟火气的烧烤城向展现新时代"价值观""精气神""文明范"的现代化城市新形象转变，实现了从"烟火淄博"到"诚信淄博""热情淄博""文化淄博"等相关的新关键词的延展。

一是"诚信淄博"的"价值观"形象。4月8日千万粉丝级博主"B太"发布在八大局便民市场测评的视频，视频中十家店铺物美价廉，且均没有缺斤少两的现象，全部诚信经营，该视频互动量超600万人次，将淄博的城市热度通过"诚信"符号再一次推向高潮。数据显示，2023年4月至5月中旬，"诚信淄博"相关内容发布量一直处于高峰（见图1）。另外，"重商守信"等城市精神一直是淄博市对外宣传的招牌，《淄博新闻》策划了《景灯闪烁，淄博警方守护烟火气中的淄博烧烤》《淄博烧烤，一方人间烟火，点燃消费激情》等重点报道，主要是从社会治安、食品安全、消防

图1 "诚信淄博"相关内容的信息来源走势图

图2 "诚信""淄博"图云

安全进行宣传。同时，"淄博希尔顿酒店回应房费只用付一半""淄博烧烤店老板多算钱隔天加微信退还""24人吃淄博烧烤花760元"等相关热搜话题再度为淄博的"诚信"标签助力。2023年4月20日至2023年7月25日的数据显示，"诚信淄博"相关内容阅读数为153250932，点赞数为919608，评论数为371404，收藏数为157182。

二是"热情淄博"的"精气神"形象。关键词"热情"在"淄博现象"中比比皆是，开通21条公交"烧烤专线"，以及"高铁票免费换景区门票""淄博用热情来拥抱每一位朋友""消防员'临淄大院'执勤，遇济南孩子送临淄烤串"等多个相关词条，彰显出淄博市民热情友好的精神品质与"有温度"的城市精神风貌。数据显示，2023年4月至5月底，"热情淄博"一直是热度最高的话题之一，期间不同信息来源出现不间断的讨论高峰（见图3）。2023年4月20日至2023年7月25日的数据显示，"热情淄博"

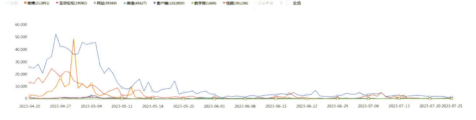

图3 "热情淄博"相关内容的信息来源走势图

图4 "热情""淄博"图云

相关内容总阅读数达 426525871，点赞数为 6340784，评论数为 1452874，分享数为 407985。

三是"文化淄博"的"文明范"形象。淄博是齐文化的发源地，历史悠久，文化底蕴厚重，淄博市政府在融媒体宣传上一直致力于对于淄博文化的打造。淄博陶瓷琉璃博物馆、海岱楼等经过市级、县级融媒体的大力传播，均成为"网红"打卡点，由此也将"流量"向淄博文化外延。数据显示，2023 年 4 月至 5 月、6 月至 7 月两个时段，"文化淄博"相关内容在不同信息来源平台上都出现过讨论的小高峰（见图 5）。截至 2023 年 7 月 25 日，

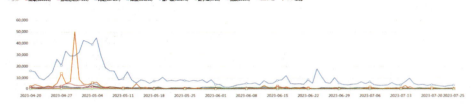

图 5 "文化淄博"相关内容的信息来源走势图

图 6 "文化""淄博"图云

"文化淄博"的总发文量达 1493606。2023 年 4 月 20 日至 2023 年 7 月 25 日的数据显示，"文化淄博"相关内容的总阅读数达 744685494，点赞数为 5247055，评论数为 1731394，收藏数为 668616。

三、模式创新：淄博媒介化城市治理"五维体系"

在淄博案例中，多样的媒介化实践参与了城市治理过程，形成了一套

媒介化城市治理的新模式。淄博媒介化城市治理的"五维体系"，是一个涵盖了主体、方式、动力、机制、效果的有机整体，五者紧密互动，在实践中共同推动媒介城市治理走向深入。

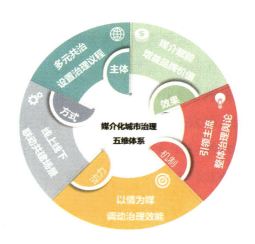

图 7 淄博媒介化城市治理五维体系

（一）治理主体：依托多元共治，设置治理议程

传统议程设置理论认为，媒体议事议程设置会影响人们对周围世界的判断、公共意见的形成。技术赋权下，新媒体、社群等加入网络议程设置，与主流媒体共组议题网络，形成更大范围的合唱①，多元力量共同影响网络舆论走向，进而影响城市治理议程。

主流媒体善用新媒体持续进行议程设置。主流媒体是政府进行议程设置的关键媒介。主流媒体主动拥抱新媒体，针对淄博烧烤 IP 进行持续的宣传与策划，聚焦 B 站、抖音等年轻人高度聚集的新媒体平台，引来众多网友纷纷效仿淄博烧烤的撸串姿势，并吸引了众多游客前来淄博体验烧烤。同时，主流媒体持续策划线下宣传活动，推出了系列爆款短视频作品，"知微数据"显示，主流媒体发挥作用又呈现出从初期的以市级、省级媒体为主到中后期以全国性媒体为主的变化特征。

自媒体议程引发"淄博烧烤热"。调查问卷数据显示，超过八成的本地受访者同意"淄博烧烤火爆时，每天都关注网络上的相关消息"，37.3% 的受访者非常同意、49.3% 的比较同意 "淄博烧烤火爆之后更愿意去网络上分享相关视频内容"以及 40.7% 的受访者非常同意、46.7% 的比较同意"淄

---

① 赵蓓. 议程设置 50 年：新媒体环境下议程设置理论的发展与转向——议程设置奠基人马克斯韦尔·麦库姆斯、唐纳德·肖与大卫·韦弗教授访谈 [J]. 国际新闻界, 2019, 41(01)：66-80.

博烧烤火爆之后更愿意转发相关网络信息"。首发淄博烧烤相关内容的自媒体群体主要包括大学生和网络达人。淄博曾在疫情期间与在淄博隔离的大学生约定待春暖花开时再回来吃烧烤，于是 2023 年 3 月，那批大学生前来赴约，并通过自媒体进行宣传，实现了大学生们与淄博的双向奔赴。同时，拥有千万粉丝的网红如"肥猪猪的日常""B 太""特别乌啦啦"等相继前来打卡淄博烧烤，在其自媒体账号上发布短视频推介淄博烧烤，"淄博烧烤"成为网络现象级传播事件。

（二）治理方式：贯通线上线下，联动共建场景

线上线下联动是"淄博现象"重要的媒介化城市治理实践，场景建构指的是媒体对事件或话题的呈现方式及其对受众的影响力。新闻报道中的场景建构包括对事件发生地点、时间、人物、原因等方面的选择和呈现方式。通过选择不同的场景建构方式，媒体可以对同一个事件进行不同的解读和呈现，从而影响受众对事件的理解和评价。"淄博现象"很重要的一环即为本地市民与外地游客、线上与线下的场景共建。

从美食场景到多场景建构的转变。在淄博烧烤爆火的初始阶段，淄博被认为是一个吃烧烤的地方，在线上线下呈现的是一种美食场景。随着淄博烧烤的热度不断攀升，本地市民及政府各部门积极联动，拓展淄博场景建构的多种可能性，将"淄博烧烤"成功引流至其他多个方面，形成了"淄博现象"。如主流媒体的报道中，强调了其不仅仅是一个美食地，它也是齐国故都，更是一个能够展示淄博人热情和友好的地方。

淄博人在场景建构中的角色转变。淄博烧烤出圈过程中，淄博人不仅仅是观众，还扮演着参与其中的"剧务人员"的角色。他们通过提供舞台、道具和各种服务，搭建起了淄博的展演场景，并与作为主角的外地游客在线上线下进行互动。如原为普通菜市场的八大局，在淄博爆火后也成了游客的"打卡地"，在其中可以体验中医义诊、欣赏非遗手工艺，还可求得名家书画作品。

共建场景中的共情共振。淄博人的热情、友好以及提供的各种服务与远道而来的人们产生了共情共振。一是淄博的志愿者队伍庞大，在淄博烧烤出圈后迅速响应，为各地游客做好服务保障工作，从火车站到网红打卡地，"红马甲"们尽一切所能满足游客们的需求，关注到每一个细节，获得了来自线上线下的一致好评。二是社会组织也都积极贡献力量，为游客提供免费的矿泉水和水果等。这种在场景共建中的共情共振使得线上线下的受众能够更加亲近，同时也更易理解淄博的文化与特色。

（三）治理动力：主张以情为媒，调动治理效能

情绪表达作为人与生俱来的生理与心理需求，伴生于人类交往行为之中。在社交媒体时代，公众个体表达累积的规模效益对网络公共事件演进与社会发展影响日益深刻，其中蕴含着海量情绪信息，情绪传播的社会影响力日益凸显。[1] 从淄博的媒介化城市治理实践来看，情绪传播对深度媒介化社会中城市治理效果的影响亦相当显著。

1."淄博现象"的情绪传播机制

在网络公共事件中，以社交媒体为载体的情绪传播可以分为情绪唤醒、情绪扩散、情绪共振、情绪消解四个环节。[2]"淄博现象"形成正是源于"情"，也成长于"情"，情绪传播构成推动淄博城市治理媒介化的内生动力。

坚定真诚至上，积淀情绪唤醒资本。社交媒体对于关系属性的强调以及"流量为王"的算法推荐机制，决定其内容创作需融入大量情绪元素。当公共事件表达符合社会心态[3]，就极易唤醒网络群体情绪。立足城市传播，情绪唤醒资本的积淀有助建立公众与城市之间的密切连接。淄博故事有一个美好的情感动员开端——2022年疫情期间，淄博市政府热心照顾分配到

---

① 赵云泽，刘珍.情绪传播：概念、原理及在新闻传播学研究中的地位思考 [J].编辑之友，2020(01)：51-57.

② 田维钢，张仕成.唤醒、扩散、共振：短视频负面情绪传播机制研究 [J].新闻与写作，2021(08)：33-40.

③ 赵云泽，王怀东.公众情绪传播的社会实践性和客观性研究 [J].新闻与写作，2021(08):5-11.

此隔离的大学生，在配餐中送上了一份烧烤，并真诚邀请他们疫情结束后再来淄博；2023年春暖花开时，这些学生前来赴约。这段暖心故事让无数网民为之动容，唤起网民对淄博的情绪偏爱。据知微数据，以"淄博烧烤"为关键词的声量内容达1100多万篇，进而掀起了从线下到线上的"淄博烧烤"热。

秉持用户思维，助推公众情绪扩散。当网民情绪被唤醒，就会产生释放需求，进而刺激公众将信息传递给更广泛的人或群体。因而，用户思维是城市治理媒介化必备的核心意识。在调研中，淄博市商务局局长殷启迪特别指出，政府的用户思维在处理诸如"淄博烧烤"此类网络热点事件中极具重要性。文旅局长变身推荐官、致游客的一封信……淄博市一系列以游客为中心的服务，都化身为扩散"淄博情绪"的动力。进入到社交媒体环境，人们借助点赞、转发、评论等虚拟数字形态再现自身的现实情绪，实现情绪扩散。"淄博，你努力的样子，感动到让人哭泣"在社交媒体被反复提及，寄托了公众对淄博努力推广城市的情感共鸣，淄博市政府的以人为本不断刺激人们扩散正向积极情绪。

广泛调动群体，激发深度情绪共振。在高度互动的情绪传播中，用户个体感官与信息元素、其他个体情绪之间的交互流动会促使高感染力情绪持续发酵，公众在强情绪带动下获得共情感受，并随之调整个体情绪，形成强大的群体情绪共振。在此过程中，一方面，网络意见领袖扮演着重要角色。网民情绪表达刺激自媒体跟进事件进程，淄博话题出圈后，不少博主来到淄博打卡，持续产出相关话题内容，如抖音达人账号"B太"发布两条获赞超百万的短视频，在圈层用户中引发情绪共振。另一方面，情绪的扩散也激发了淄博市民"为淄博荣誉而战"，他们的"让利于客，让路于客，让景于客"，吸纳了更具深度的情绪共振。

坚持融合发展，反复唤起消解情绪。伴随网络公共事件热度渐消，公众情绪表达的诉求也逐渐消解，淄博现象热度目前也已趋于平静。但已经形成的群体情绪不会消失，而是内化为潜伏的共同记忆。当类似或相关事件再次发生，这种群体情绪将被轻而易举地重新唤起。在情绪传播中，淄博逐渐凝结为公众记忆里满含人间烟火气、政通人和的情感载体。然而，"淄博现象"早已不再局限于"淄博烧烤"，其情绪传播版图已然拓展至"淄博书画局""齐国故都"等，目前淄博市仍在计划依托"淄博制造""淄博老字号"等打造新的淄博场景，将有更多记忆符号不断满足公众情感需求，不断重新激发积极的情绪表达。

准确快速响应，避免负面情绪发酵。网络事件的发酵难免伴随不和谐的声音，及时预警负面舆情、整改负面问题，有助于最大程度发挥情绪传播在城市治理中的价值。淄博市针对服务体验、交通出行、社会治安等方面的偶发抱怨、冲突，及时采取接诉即赔、违停柔性执法、大量安排警力巡夜市等举措，防范眼球导向对负面情绪与舆论的煽动。

2."淄博现象"情绪传播的城市治理效能

基于社交媒体情绪传播机制，情绪不仅在被塑造，也在参与社会构建[①]，情绪传播的社会影响力是长期且作用深远的。从"淄博现象"来看，调动好情绪传播对提高城市治理现代化水平大有裨益。

提升城市动态关注度。淄博烧烤的真情故事调动广泛的社会情绪，这种情绪在城市场域内积聚，最直接的效果便是将城市建设发展动态快速带入公众视野，提升城市服务沟通效率。例如在淄博烧烤广泛调动游客打卡热情时，网民普遍对淄博能否接得住大流量表示担忧，从而对淄博市政府及相关部门系列举措有了持续细致的关注。

书写城市集体记忆。媒介化时代集体记忆的书写很大程度上受情绪传播影响。淄博唤醒的公众情绪在社会范围内引发系列情绪共振之后，已然潜移默化地积淀为人们对城市的情感态度，促使公众形成链接城市的长时

---

① 刘珍，赵云泽.情绪传播的社会影响研究[J].编辑之友，2021(10)：49-55.

情绪记忆。问卷数据显示，84.4%的非本地人群因"淄博烧烤"火爆出圈对淄博产生了好感。这种记忆具有社会性与可调动性，能够为长远的城市治理奠定动员基础。

激发市民主人翁意识。就城市内部而言，当围绕淄博的正向社会情绪高涨，具有身份归属感的市民产生强烈的自豪感、荣誉感，加之市政府的统筹调动，在群体感染、群体模仿等机制调动下，市民极易采取自发行动，主动参与保卫城市形象，与政府、企业形成发展合力。调查数据显示38.67%的市民参与过志愿服务，46%的市民对游客提供过帮助。

促进政府服务提质增优。情绪传播不仅是城市走出去的推力，同时也是检验城市治理成效的一次大考。积极情绪汇聚的流量，有助于提升城市治理协调能力，面对淄博烧烤的走红，淄博市政府快速反应，召集各部门领导就后续发展进行探讨，相关部门协同配合、建立快速反应机制；负面情绪表达则帮助政府部门发现治理短板，淄博市政府对于公众反映的交通保障、住房供应等问题及时跟进完善，从而助推政府更好地履职尽责。

（四）治理机制：强调引领主流，整体治理舆论

媒介化时代，舆论场中的成员繁杂，声音多样，如果舆论失去引导和治理，可能会导致社会不稳定的局势，引发社会动荡和冲突。因此，淄博市在"淄博现象"中从整体观和全局观上主动进行主流引导和舆论治理，抢占主流舆论阵地，使得舆论态势整体平稳有序，为城市治理提供良好的舆论环境。这主要体现在淄博建立的三大机制，即"三个一体联动"工作机制、网络舆论整体治理机制和联席会议机制。

一是"三个一体联动"工作机制，引领主流舆论。"三个一体联动"，即宣传市直部门与媒体一体联动、省市县三级一体联动、线上线下一体联动。在宣传市直部门与媒体的一体联动中，建立了领导小组并成立了4个工作专班，整合了全战线的资源力量，做好宣传、舆情等各个方面的工作。在市直部门一体联动中，定期组织有关部门召开"诸葛亮会"，研判近期

可能出现的各种各样的网络舆情风险，制定解决方案。

二是网络舆论整体治理机制，整体治理舆论。倾听主流民意，及时加强网上舆情信息监测，全时段严密监测涉"淄博烧烤"负面网络舆情，及时进行分析研判，第一时间转办处置网民反映的问题和诉求。如"五一"假期之后，网上对临淄烧烤的相关投诉，主要集中在服务态度不好、疑似存在食品安全问题、关联投诉"慧停车"收费不合理等方面，在相关部门、镇办快速介入下，问题均得到及时有效处置。掌握整体动态，通过建立烧烤工作信息共享机制和临淄烧烤信息工作群，每日梳理网信、民生热线、市场监管等部门监测、接收到的负面信息、市民诉求问题，及时转交处置，形成专项信息报告。同时，建立与镇办联络沟通机制，确保第一时间掌握市外媒体来临淄采访应对处置情况。关注主流人群，建立"网红动态监测群"，密切关注来淄网红大 V 信息动态，适时组织网评员跟评引导、举报限流。同时，强化与公安等部门协同配合，对出现不当言论和低俗行为的主播及时进行了约谈劝离。围绕"淄博人八大局怒怼来淄消费的大学生"等敏感舆情事件，组织骨干网评员统一口径，做好跟评引导工作。

三是建立联席会议机制，形成"全市一盘棋"。3月初淄博烧烤火爆出圈，市领导以极强的敏锐度迅速做出决策部署，市商务局作为餐饮住宿和促消费的责任部门，牵头建立"淄博烧烤"会商联席会议机制，根据形势变化和工作需要，于4月中旬调整为"淄博市提振消费联席会议机制"，该机制下设办公室和10个工作专班，各区县也建立了相应工作机制，因时因势统筹协调包括"淄博烧烤"在内的提振消费全领域各环节，有力保障了"淄博烧烤"健康发展和提振消费工作实效。最初联席会议机制下设五个专班，分别是食品安全专班、消费价格专班、安保专班、交通运输专班以及环境管理专班。经过一段时间的发展，专班扩充至十个，增加了住宿保障、宣传舆情、信息化建设、督导检查以及烧烤节处理方案。各专班实行集中办公。提振消费联席会议机制的建立使得淄博能够有效回应客流激增带来的各类治理难题，表现为多部门"全面开花"，线上线下配合打出组合拳。

3月10日，淄博市政府召开新闻发布会，发布"烧烤经济"政策措施，同步推介淄博市人才金政、招才引智等政策措施，积极将"网络流量"转化为"人才留量"。淄博市发出《致全市人民的一封信》，强化市民主人翁意识，提升文明素质和道德素养；发布《致广大游客朋友的一封信》，倡导游客和群众理性消费，不炒作、不渲染。加强城市整体形象宣传，多渠道推介文旅景点、手造产品、城市生态等，开展"淄博好品"展销活动，引导"淄博烧烤"热点向其他领域引流。这一清晰的操作链，展示出淄博市通过提振消费联席会议机制，使得多部门"全面开花"，既存续淄博烧烤的流量，又为淄博整体塑造了良好的舆论氛围。

同时，淄博市提振消费联席会议机制不断优化线上服务。推出"智慧淄博烧烤服务"微信小程序，整合烧烤店、鲁菜馆、景区、酒店、"网红打卡地"、老字号店铺的相关信息，通过平台统一展示，实现智能推荐、导航指引、火热程度展示和部分烧烤店预约等功能，截至7月9日，小程序访问页面次数超944万次，访问人数超163万人。上线"您码上说·我马上办"小程序，市民和游客可通过扫码等方式提交合理诉求或意见建议，截至7月9日，共收到4977条用户反馈，其中接诉即调即赔诉求163条，均已通过12345进行转办处理。3月1日—7月9日，淄博12345政务服务便民热线共受理涉烧烤诉求事项33926件，主要集中在文化旅游、市场监管、城市管理、交通出行等方面。其中，转办15701件，当场答复18225件，全口径办理结果满意率89.93%。这一套多部门配合的组合拳，充分显示出提振消费联席会议机制在媒介城市治理中的科学性与高效性。

（五）治理效果：通过媒介赋能，增益品牌价值

效果维度是"淄博现象"媒介化城市治理五维体系中的重要组成部分，它可以评估媒介化城市治理政策和措施的有效性，并进一步优化资源配置和决策制定。淄博的媒介化城市治理最直接的效果是为城市品牌价值赋能增益，

主要表现在城市品牌认知度提升以及对城市品牌的认同感、归属感、自豪感的增强。

淄博的媒介化城市治理实践以服务淄博、诚信淄博、志愿淄博、劳动淄博、文化淄博"五个淄博"为载体，多元主体共同维护"人好、物美、心齐"良好局面，给人留下了让人民满意的"服务之城"、重信践诺的"诚信之城"、互助互爱的"志愿之城"、干劲充盈的"劳动之城"、和谐美好的"文化之城"的深刻印象。问卷调查数据显示，接近九成受访者同意"淄博烧烤现象体现了淄博市政府机构利用互联网管理城市的水平和能力"（见图8）。

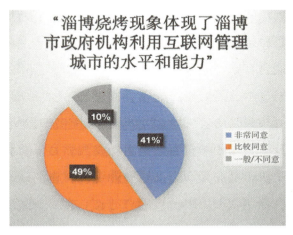

图 8 对淄博市政府机构互联网管理城市水平和能力的调查结果

通过烧烤体验感知淄博，外地人对淄博城市品牌的认知度提升。调查问卷数据显示，吃过淄博烧烤的外地人对于淄博烧烤的体验感知非常好，同意淄博烧烤很好吃（95.7%），对其烧烤风味很喜欢（99.3%），满意淄博烧烤的服务（92.8%），同意淄博烧烤与众不同（93.8%）（见图9），并且对淄博烧烤有关消息感兴趣（90.1%）的比例

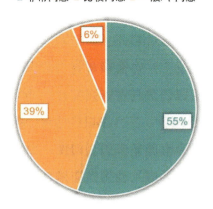

图 9 对淄博烧烤独特性的调查结果

都超过九成。没有吃过淄博烧烤的外地人对于淄博烧烤的感知也很好，计划去吃淄博烧烤（84.8%），向他人推荐（83.9%）以及带朋友体验淄博烧烤（88.7%）的比例都在八成以上。

本地人对于淄博城市品牌的认同感、归属感、自豪感大幅提升，这有利于淄博深度打造自有原创品牌。调查问卷数据显示，淄博烧烤火爆后，超过八成受访者更愿意去网络上分享转发相关内容，超过九成受访者更加为淄博人的身份而自豪（见图10），超过九成受访者同意淄博烧烤有利于让

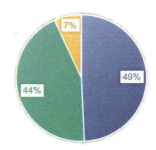

图 10 对淄博烧烤情感认同的调查结果

更多人了解淄博的历史文化，提升外地人对淄博市的了解和好感度。同时，对于外地人而言，淄博的城市品牌美誉度、知名度显著提升，吸引更多的外地人前来体验。淄博烧烤现象对实际行动的影响上，超过八成外地受访者同意"会计划去吃淄博烧烤""相信在淄博吃烧烤的经历会记忆深刻"。在对淄博烧烤的推广上，超过八成外地受访者同意"会向他人强烈推荐淄博烧烤""愿意邀请身边朋友去一起体验淄博烧烤"。

四、基于"淄博经验"的媒介化城市治理现代化格局

伴随媒介化网络对真实社会的嵌入日益加深，以媒介化手段开展城市治理已成为不可阻挡的必然趋势。在此基础上，淄博市媒介化城市治理的重要探索为我国城市治理向新阶段迈进提供了重要的实践指向，基于"淄博现象"中提炼发现的"淄博经验"，报告提出未来媒介化城市治理现代化的"五治格局"，即媒介化城市治理的现代化格局，以城市治理为轴心、以媒介赋能为纽带，构建"共治"为行动导向、"诚治"为战略方向、"言

治"为内容指向、"韧治"为价值取向、"智治"为技术航向的城市治理媒介化体系（见图11）。运用这一体系，善用媒介化思维和手段，将为中国式现代化新背景下开拓新时代中国城市治理新格局提供有益借鉴和参考经验。

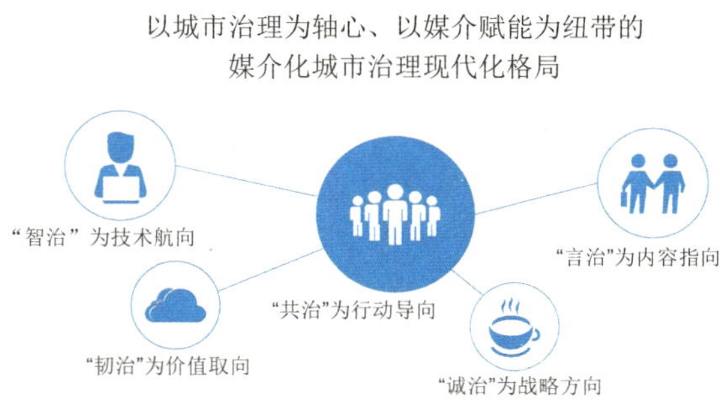

以城市治理为轴心、以媒介赋能为纽带的
媒介化城市治理现代化格局

"智治"为技术航向　　"言治"为内容指向
"共治"为行动导向
"韧治"为价值取向　　"诚治"为战略方向

图 11 媒介化城市治理现代化格局

（一）将"共治"作为媒介化城市治理的行动导向

习近平总书记强调，要完善共建共治共享的社会治理制度。[①] 面对信息海量化、复杂化的城市空间，单凭政府之力很难实现高效治理。淄博市媒介化城市治理实践表明，以政府为主导，多元主体协同参与的"共治"模式，有利于提高有效决策与响应的能力和水平。顺应多元力量共建议程的媒介化时代趋势，强化各主体间的连接关系，方能充分激发城市治理的智慧与力量。

其一，政府作为战略把控者，提供政策层面的设计与安排。主动调度商务局、文旅局等职能部门共商媒介化治理思路；主动公开信息，防范城市虚假舆情；主动利用社交媒体平台与群众情感沟通，保障决策有效响应。

其二，主流媒体特别是本地媒体，对接政府决策与群众需求。通过现象深度解读，引导主流舆论走势；通过权威信息传播，满足市民与游客的公共信息需求。

其三，自媒体与媒体平台以其辐射范围优势促进治理信息的上传下达。既为公众提供亲和细致的决策解读，又完成公众决策反应的向上反馈。

---

① 孙晨光.以共建共治共享拓展社会发展新局面［EB/OL］.(2020-11-06)[2023-08-28].
http://www.qstheory.cn/qshyjx/2020-11/06/c_1126705216.htm.

其四，淄博市民对城市基层情况熟知，通过网上答疑、推介等落实精准治理；游客的自我展演、群体互动扩大城市治理成果传播。

（二）将"诚治"作为媒介化城市治理的战略方向

媒介化概念不仅包含"结构"，也囊括"情感"。[①] 在媒介化城市治理视野下，情感同样是一种基础性资源。淄博现象的出圈本质上以"情"字贯穿始终，而其情感调动的核心就是在媒介化城市治理中把握住了"诚治"的战略法则。所谓"诚治"，即治理过程讲求"真诚至上""诚信至上"。之所以要以"诚治"为战略核心，不仅是因为它满足了政治意志与媒体市场诉求的统一，更是因为它符合城市建设以人民为中心的发展思想。将"诚治"作为媒介化城市治理的核心战略，可以调动情感资源，提升城市治理的效果。通过宣传内容的情感化表征、态度的真诚参与和服务的关怀，可以建立起市民和游客对城市治理的信任和认同，推动城市的发展和进步。

首先，在宣传内容方面，媒介化城市治理可以通过图像和视频的故事化叙事，激活城市符号，赋予其热情和诚信等情感化表征，从而打造一个充满人情味的城市媒介环境，吸引更多人的关注和认同。

其次，在态度方面，媒介化城市治理要求治理主体，以坦荡真诚的心态参与治理活动。通过人格化传播方式，如化身推荐官等，诚心推介淄博，建立起城市治理决策响应的主流情感基础，从而增强市民对治理主体的信任和认同，提高治理效果。

最后，在服务方面，媒介化城市治理利用小程序等媒介手段，关心市民和游客的需求。及时洞察和解决治理的堵点，满足市民和游客的诉求，增强市民和游客对城市治理的满意度，提高治理的质量和效率。

（三）将"韧治"作为媒介化城市治理的价值取向

城市韧性是指面对突发压力，"城市能够凭借其动态平衡、冗余缓冲

---

① 胡翼青，杨馨．媒介化社会理论的缘起：传播学视野中的"第二个芝加哥学派"[J]．新闻大学，2017(06)：96-103+154．

和自我修复等特性，依然保持抗压、存续、适应和可持续发展的能力"①。调研结果表明，淄博出圈绝非偶然，实则是市政府"韧治"的必然结果。开展媒介化城市治理不可能一帆风顺，需以"韧治"思维在不同阶段做好充分准备。

首先，在事前预防阶段，城市需要未雨绸缪，积极建设完善全媒体传播体系，并挖掘城市宣传工作的重点。通过建设全媒体传播体系，城市可以更好地获取和传播信息，及时了解城市面临的问题和压力。同时，挖掘城市宣传工作的重点，可以将城市治理的重点和重要信息传达给公众，提高公众的参与度和对城市治理的认知度，从而增强城市的韧性。

其次，在事中处理阶段，城市需要快速反应，一手强化宣传报道，一手做好舆论引导。当城市面临突发压力时，媒体可以迅速报道相关信息，向公众传递准确的情况和处理措施，以增强公众的信心和支持。同时，城市还需要做好舆论引导，引导公众理性看待和评价城市治理的措施和效果，减少负面影响，增强城市治理的韧性。

最后，在事后阶段，城市需要总结媒介化治理存在的问题，并探寻新的宣传议题。通过总结媒介化治理的经验和问题，城市可以不断改进和完善自身的治理能力和传播手段，提高城市的韧性。同时，城市还需要探寻新的宣传议题，及时关注公众关心的问题，并通过媒体传播，引导公众积极参与城市治理，增强城市治理的韧性。

（四）将"言治"作为媒介化城市治理的内容指向

在媒介化时代，言论具有广泛的传播渠道和影响力。通过媒体平台和社交网络，人们可以迅速传播和获取信息，言论也成了城市治理中不可忽视的力量。媒介化城市治理的核心是通过对互联网信息的正面引导和不良言论治理推动城市的和谐发展。

---

① 肖文涛，王莺.韧性城市：现代城市安全发展的战略选择[J].东南学术，2019(02)：89-99+246.

首先，言治须发挥正面引导的作用。城市治理需要通过言论来传递政策、宣传城市形象和价值观念。通过媒体平台和社交网络，政府和相关机构可以及时发布信息，解释政策，回应民众关切，引导公众对城市发展的理解和支持。同时，媒体也可以通过报道正面的城市发展和成功案例，激发公众的积极情绪和参与热情，推动城市治理的顺利进行。

其次，言治还包括治理不良言论和不当言论。在媒介化时代，不良言论和不当言论往往会迅速传播并产生负面影响。这些言论可能会煽动社会矛盾、制造恐慌、扭曲事实真相，甚至引发社会动荡。因此，城市治理需要通过言治来对不良言论进行引导和治理。政府和相关机构可以通过媒体平台和社交网络，及时回应不良言论，澄清事实，维护社会稳定。同时，公众也可以通过积极参与言治，发表正面声音，抵制不良言论，共同维护城市的良好形象和社会秩序。

（五）将"智治"作为媒介化城市治理的技术航向

智媒技术快速迭代升级，"智治"为媒介化城市治理提供技术保障。

首先，利用智媒技术的快速迭代升级，可以通过大数据手段实时监测城市系统中各要素的细微变化。这意味着政府可以及时获取城市中的各种数据，包括交通流量、环境污染、人口迁移等，从而更好地了解城市的运行状况。通过对这些数据的分析和挖掘，政府可以精准预测治理风险，及时采取相应的措施来应对。

其次，搭建诸如"智慧淄博烧烤服务"等城市智慧治理系统，可以发挥资源整合优势，降低治理信息传递成本。这些系统可以将城市中的各种资源进行整合，包括人力、物资等，从而更好地满足城市治理的需求。例如，通过"智慧淄博烧烤服务"系统，政府可以将烧烤摊点的信息进行集中管理，包括烧烤摊点的数量、位置、卫生状况等，从而更好地监督和管理烧烤行业，提高城市治理的效果。

总的来说，智媒技术的快速发展为媒介化城市治理提供了科学保障。

通过利用大数据手段实时监测城市系统中的各要素变化，政府可以精准预测治理风险，为决策提供依据。同时，搭建城市智慧治理系统可以发挥资源整合优势，降低治理信息传递成本。通过这些方式，政府可以更好地实现城市治理的目标，提高城市的运行效率和居民的生活质量。

五、对推进未来媒介化城市治理的建议

通过实地调研和系统研究可以发现，当前淄博市在推动媒介化城市治理方面已进行了一些有益探索，基本找到能够适应媒介化时代特征与城市发展需求的媒介化治理路径，这对全国各城市推进媒介化治理工作具有参考意义与借鉴价值。基于实际情况与研究分析，提出以下几点建议。

（一）协同媒介化城市治理多元主体

形成政府主导，社会助力，公众参与的多元治理主体。

1. 坚持政府主导

一要做好市级层面的顶层设计，立足媒介化发展的阶段特征与城市发展具体实际，制定具体的媒介化城市治理战略规划。二要在市级层面统一思想、凝聚共识、破除部门利益区隔与行政壁垒，共商媒介化城市治理思路，建立快反机制，保障决策正确与执行有力，为全市推进治理能力现代化提供有力支撑。三要做好城市信息公开，搭建媒体服务平台以整合、分发信息资源，为各级媒体、公众提供权威信息，最小化治理决策传递环节发生的变形。

2. 协调社会助力

一是对接本地主流媒体、省级主流媒体、央级主流媒体等，配合提供宣发素材，高标准、立体化、多形式做好治理信息推介，引导主流舆论。二是对接社交媒体平台与自媒体，促进城市治理机制市场化运行，引导其提供社会价值，培育微观具象、具有情感温度的流量作品。

3. 动员公众参与

一是让公众成为最大的参与群体，基于治理目标与圈层群体特点，开

展相应媒体宣传活动，突出市民主人翁地位与群众中心地位，通过情感动员营造共治氛围，引导群众参与治理过程。二是让公众成为最终评判者，增强社交媒体有效互动行为，提供决策解读与意见收集，提升网络回访、问卷调查力度，借助数据技术促进治理效能反馈。

（二）更新媒介化城市治理理念

一是明确主体权责，促进全员、全域协调互动。各治理主体树立全市视野，保持格局意识。各司其职、动态互补，利用媒介实现文化、社会、市场等资源的统筹整合、优化再造，在过程中形成媒介规制形态对城市治理模式与过程的调试。二是杜绝绝对流量观念，立足长效治理。在媒介工具使用过程中，根据城市治理能力实事求是传递信息，前台唱戏、后台支撑，将维持公信力放在首位，保持公众参与治理信心。

（三）提升媒介化城市治理素质

一是扁平化管理素质，各治理主体内部系统管理，同时推行媒介化城市治理一把手工程，负责人挂帅协调，提升城市突发网络舆情的响应效率与治理成效，谨防信息传递失真。二是媒体素质，将督导机制引入政府治理体系，协调指挥部、市委督查室、市政府督查室上报调度，监管政府媒体矩阵实际治理效用、宣传策划落实到位情况；将激励机制引入社会、公众治理活动，以流量扶持、宣传推广激发媒介化城市治理创意生成，综合提升治理主体用户思维与服务意识，提升工作效能。三是智能化、数据化素质，完善大数据分析系统，对高新数据信息进行分析研判，阶段性系统评估媒介化城市治理成效，总结经验、发现不足、选培典型、媒体宣推，及时向对应的治理主体进行反馈，以技术赋能提质增效。

"淄博现象"中服务型关系构建的启示
——基于以客户为中心的视角

赵海川 赵玉杰 宋子颂 蔡镇川 *

摘要： 本调研报告以"淄博现象"为案例，详细探讨了社会治理中服务型关系构建的成功经验和实践。在以客户为中心的服务理念指引下，报告深入剖析了政府、商家和市民在服务型关系构建方面的作为，阐述了服务型关系的构建路径。淄博市在多年的发展中，通过市民与政府、商家与游客之间的紧密合作，构建了一个以人民为中心的服务体系，并通过需求沟通实现高价值共创。商家的积极响应和服务为提升城市的整体服务水平提供了有力支持。志愿者及普通市民为游客创造更好体验而做出巨大努力，共同为"淄博现象"的长红做出了贡献。在对"淄博现象"分析的基础上，本调研报告梳理和总结了"淄博现象"的经验和启示，旨在为其他城市构建服务型关系提供有益借鉴，从而推动构建更加人性化、和谐、高效的城市环境。

关键词： "淄博现象" 服务型关系 烧烤 以客户为中心

＊赵海川，山东大学管理学院教授，主要研究方向为市场营销，消费者行为；赵玉杰，山东大学管理学院助理研究员；宋子颂，山东大学管理学院博士研究生；蔡镇川，山东大学管理学院博士研究生。

引言

近期，"淄博现象"借助移动互联网的东风掀起了舆论热点，全国各地的游客涌入淄博，体验淄博烧烤的"灵魂三件套"：小饼、烤炉、蘸料。这一场由网友、当地政府、商家、市民联动打造的网红事件带动了当地的城乡发展。"淄博现象"的火爆离不开多方的积极参与和精心努力。从文旅专列上精心为游客准备礼物，到文旅局长化身"文旅推荐官"与乘客互动，再到政府工作人员热情接站，以及烧烤公交专线的开通等，无不透露出政府在这场网络热点活动中付出的努力；同样，商家热情的服务、诚信的经营、公道的价格也让游客体验到了好客山东的魅力；市民也在这场擦亮城市名片的战役中发挥了巨大作用，热情、实在、憨厚、真诚，这些山东文化的烙印让游客体验到了整个城市的待客之道和久违的人情味。

在城市治理中，如何有效满足市民、游客和商家多样化的需求，提供贴心、高效的服务，是一个亟待解决的现实问题。在这一背景下，在城市治理中构建和谐健康的服务型关系尤为重要，唯有如此，才能促进社会各主体积极付出，构建更加人性化、和谐、高效的城市环境。淄博市作为和谐健康的服务型关系实践者，以其独特的经验和模式为其他城市的发展提供了有益的参考。

本调研组以"淄博现象"为案例，对淄博在社会治理中的服务型关系构建进行了调研和梳理，深入分析了"淄博现象"中政府如何为商家、游客和市民提供服务，商家如何为市民和游客提供服务，志愿者和普通市民如何为游客提供服务的网络关系。本报告通过深入分析政府、商家、市民、游客之间紧密的服务互联，揭示了"淄博现象"中基于以人民为中心、以顾客为中心的理念构建的服务型关系；总结了"淄博现象"的经验：首先，要以人民为中心建立服务标准；其次，服务型关系各方要做好需求沟通，从而实现高价值共创；第三，政府既要扮演好管理者也要做好服务者，做好服务接受方与提供方之间关系的权衡。本报告还凝练了淄博市服务型关系构建的启示，提出社会治理中进行服务型关系构建要从被服务对象的核心需求出发，把控服务细节，防止服务偏差，找到一个以服务对象需求为核心的"点"，绘制一条走在服务对象前面的服务流程时间"线"，构建一个细致入微的服务基本"面"，编织一个防止服务偏差的动态"网"。

一、"淄博现象"概况

（一）"淄博现象"发展过程

1. 阶段一：筑万事之基

淄博市委、市政府自 2011 年以来着手创建文明城市，致力于将老工业城市转型为更加现代化、宜居的城市。考虑到淄博市的地理特点，提出了建设"全域公园城市"的规划概念，并将其作为城市规划的重要方向。这一概念倡导通过全域公园城市的建设和管理，强化公园和绿地的布局，提升城市环境质量和生态保护水平。目前，这一城市规划方向取得显著成就，不仅提高了城市的整体美感，还为市民提供了更加优质的生活环境和休闲空间。

2015 年，响应山东省发布的无烟烧烤炉具地方标准，淄博市开始对烧烤的炉具和工艺等方面进行改革和创新。政府积极协助商家进行升级改造，合理规划，引导烧烤店铺改进设施，并进一步加强整顿，引导烧烤进院，为商家营造更好的经营环境。

2020 年以来，淄博市政府通过社交媒体推广淄博烧烤文化。在各大社交媒体平台上，"淄博烧烤"一词逐渐崭露头角，"淄博烧烤"和"灵魂三件套"等词汇开始为人们所熟知，特色的小饼卷烤串吃法也逐渐成为淄博烧烤的独特标识。

2. 阶段二：借东风之势

2023 年 3 月初，在隔离解除后的消费回潮中，大量大学生慕名前来品尝淄博烧烤，一场双向奔赴的佳话在社交媒体中引起了广泛关注。与此同时，淄博烧烤也开始在各大平台受到热捧。社交媒体上还出现了大量淄博市民自发接送游客、为无法找到住宿的游客提供帮助的暖心画面，这些市民自发的热心行为再次让淄博成为网友热议的焦点，众多网民纷纷赞扬淄博这座城市所展现的人情味，并纷纷留言表示一定会前来品尝淄博烧烤的"灵魂三件套"。另外，一些知名网络红人也加入了助推淄博烧烤的行列，知名打假博主 B 太发现淄博的每家店铺都没有任何欺诈现象，这一消息再次让淄博成为社交媒体的热门话题。随后，淄博市相关话题几乎在各个社交媒体上占据了头条位置，各类网红、主播、博主纷纷前往淄博打卡，并通过自己的平台展示这座城市的人情味和独特魅力。

在这个过程中淄博政府果断采取行动，主导开发了多个烧烤聚集区以迎接涌入的游客。政府还积极宣传淄博的其他景点，如钟书阁、齐国博物馆、博山琉璃村、周村大街等。这些景点不仅展示了齐鲁大地独特的历史文化底蕴，也使得淄博旅游成为热门搜索关键词。由此，淄博开始受到各地游客的青睐，无论是通过自驾、高铁还是飞机，外地游客纷纷前来一睹淄博风采。特别是"五一"假期期间，淄博这座老工业化城市竟成功攀升为旅游热门目的地之一，这无疑为淄博的旅游业和整体形象增添了浓墨重彩的一笔。

3. 阶段三：守常态之业

2023 年"五一"假期的流量达到顶峰后，"淄博现象"逐渐回归到了常态。网络话题讨论也从爆火回归常态，这既符合网络规律，也符合旅游市场的自然发展规律。但是整个"淄博现象"火爆的过程，无疑给淄博带来了巨大的利好，淄博烧烤不再只是暂时的网络热词，而是已经成为淄博特色，淄博也通过"淄博现象"打造了一张良好的城市名片。

在转向常态化的过程中，淄博市也未雨绸缪、提前思考常态化后的城市发展路径，守住"淄博现象"给淄博带来的这份无形资产。在守业的阶段，市政府和商家齐心协力做出了筹划,例如:共同推动烧烤产业的规范化发展,提升服务质量,并努力打造独具特色的烧烤品牌。借助淄博烧烤加强对于旅游目的地的宣传、淄博好物的推广,从而带动消费和经济发展。同时政府也主动作为,借助"淄博现象"打造的良好城市名片到全国各地招商引资、招才引才,推动城市发展进步。

(二)"淄博现象"中的主要关系主体

"淄博现象"中的主要关系主体包括政府、商家、市民和游客。各方关系主体都在为这一现象级的美食狂潮做出自己的贡献,共同绘制了一幅繁荣的画卷。

在这一过程中,政府扮演着关键的角色。他们不仅致力于为商家提供良好的经营环境和政策支持,还推动烧烤产业的规范化和可持续发展。政府通过加强对商家的监管,确保他们遵守相关法规,提供优质、安全的产品和服务。同时,政府还充分考虑到"淄博现象"可能对市民正常生活的不利影响,努力协调各方利益,采取了一系列措施,如合理规划烧烤摊位和区域、限定重点区域营业时间,以确保市民的生活秩序不受或少受干扰。

商家在"淄博现象"中发挥着举足轻重的作用。在政府的监管和指导下,他们秉承规范经营、诚信经营的原则,致力于为游客提供优质、独特的服务,展示淄博烧烤的魅力,吸引更多的游客其前来品尝。同时,商家也高度重视自己的社会责任,尽量避免烧烤经营对市民正常生活造成的不便,积极配合政府的监管要求,维护公共秩序和环境卫生,确保"淄博现象"与市民生活尽量和谐共存。

市民作为淄博的东道主,在"淄博现象"中积极参与并展现出淄博人民厚道、热情、好客的特质。他们热情地迎接每一位游客,为他们提供热情的指引和帮助,让游客们充分体验到淄博这座城市的人情味。通过介绍淄博的美食文化、历史背景和当地特色,市民们不仅与游客分享这片土地的魅力,还促进了文化的交流与理解。他们以主人翁精神,不仅将淄博烧烤作为一种美食享受，更将其融入自己的生活和社交活动中，使之成为一种城市的文化符号，持久传承下去。

游客是"淄博现象"的受益者和见证者。他们慕名前来品尝淄博的美食，感受这片土地的独特魅力。游客的到来为淄博带来了新的活力和机遇，更促进了烧烤产业、旅游业等相关产业的蓬勃发展。在享受淄博烧烤同时，游客们也成了淄博文化的传播者，通过社交媒体分享、口口相传的方式，他们将淄博的美名传遍四方，进一步提升了这个城市的吸引力。他们的积极评价和传播不仅让更多人认识淄博，还反映出淄博"人美、物好、心齐"的形象，为这座城市带来了更多的关注和赞誉。

通过政府的引领、商家的支持、市民的热情和游客的参与，淄博烧烤不仅成为这座城市的一大亮点，更成为一个文化符号和社会现象。各方关系主体以不同的角色和方式共同努力，展现了淄博人民的智慧、勤劳和友好，共同构建了一个美食文化和

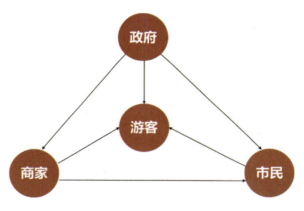

图 1 "淄博现象"中的多个关系主体及其之间的关系

主人翁精神相互融合的美丽画卷。"淄博现象"不仅是一种短暂的网络热潮，更是这座城市独特的文化符号和骄傲。它体现了淄博的开放、和谐与包容，同时展示了人们对生活的热情和对美好生活的追求。

二、"淄博现象"中各主体之间的服务型关系

（一）为人民服务，政府有担当

1.政府服务游客

为确保慕名而来的游客能够在淄博这座城市获得难忘的旅途体验，淄博市政府面面俱到，不遗余力地为游客提供安全保障、出行保障、便利服务、

住宿保障和投诉保障等全方位的服务，扎实做好基础保障工作，让游客旅途无忧。

第一，公共安全始终是政府关注的重点。淄博政府派出警力进行全天候的安保工作，全天候的安保工作不仅能确保了游客的人身安全，还能及时调解和制止了可能出现的纠纷。景区的警力巡逻和值守进一步强化了安全措施，维护了整体秩序。突发性事件的应急处置机制也是一个重要方面。政府不仅制定了针对特定风险的预案，如防溺水、防踩踏等，而且通过与公安、卫健、消防等部门的协调，确保了快速有效应对。这些措施不仅提高了淄博市政府应对突发事件的能力，也提高了游客对淄博旅游的信心和满意度。

第二，交通出行方面，政府多措并举，保障游客交通便利和安全。政府增开"文旅专列"和增加公交线路，督导火车站点和高速路口的畅通，增设应急公交车支援摆渡专线，增设道路两侧临时停车泊位和停车引导服务点，免费开放多个机关事业单位停车场，增加车位供给，一定时期内实施违停不罚款、停车不收费的政策，都体现了以人为本的服务理念，更好地满足游客的出行需求。

第三，便利服务方面，政府通过微信小程序和动员部署志愿服务力量实现。在重点区域，常态化部署的志愿者们用他们的热情和知识，提供相关信息咨询和引导服务，帮助解答游客疑问，极大地方便了游客。政府还推出"智慧淄博烧烤服务"微信小程序，充分利用现代科技，通过整合大量相关信息，实现智能推荐、导航指引、火热程度展示和部分烧烤店预约等功能，进一步方便了游客。

第四，公共环境管理方面，政府加强城市秩序和卫生的监管。通过加强市容市貌的整治，淄博市确保了城市的整洁和美观，营造了一个舒适的城市环境。严查占道经营和流动摊贩，确保城市的商业活动在法规框架内运行，有助于食品安全和卫生标准的执行，也确保市民和游客的正常出行不受干扰。增加垃圾收运力度则进一步确保了市区的清洁。

第五，住宿保障方面，政府加强住宿安全引导，提供应急床位，并限制各住宿单位的不合理收费。淄博市政府积极督促住宿单位加强安全和服务意识，通过网络载体不间断地提醒住宿单位四实登记、"五必须"等要求，并强化场所内部治安防范。政府还与宾馆合作提供空闲床位和应急床位，确保在紧急情况下为游客提供住宿保障。同时，政府推出对住宿旅店的价格干预机制，即酒店价格涨幅不得高于50%，此外，政府确定了洗浴足疗场所可接待临时住宿，并在假期期间储备了应急住宿床位，为晚间找不到住处的游客提供便利求助渠道。

最后，舆情处置方面，政府积极收集并处理涉及烧烤的负面网络信息和投诉，以确保公众反馈得到及时关注和妥善处理。为了更好地接收市民和游客的反馈，政府推出了"您码上说·我马上办"小程序，让游客和市民可以更加方便地提交自己的诉求或建议。同时，政府还建立了消费者投诉接诉即办和24小时快速回应机制，进一步加强了舆情管理，确保市民和游客的声音能得到及时、有效的回应。

通过以上措施，政府为游客在淄博的旅途提供了全方位的服务保障，努力确保游客度假期间的安全、便利和舒适。这一系列周到的安排反映了政府对市民和游客需求的高度关注，同时也展示了淄博城市的现代化、务实和包容性，使淄博成为一个既具有地方特色又富有活力的旅游目的地。

2. 政府服务商家

政府为商家提供全方位的服务与监管，旨在确保商家在烧烤经营中合规、安全、有序，从而共同为"淄博现象"的良好发展奠定基础。

首先，食品安全方面，政府建立了"从原料到餐桌"的全流程闭环管理机制。通过这一机制，政府对整个食品供应链进行了全面的监控和管理。从原料供应商到加工厂，再到餐饮单位，每一个环节都受到了严密的监督。例如，政府实施了专项整治行动，对烧烤餐饮单位、肉类批发商和烧烤用小饼生产单位进行全面监督检查。这些检查不仅关注食品的质量和安全，还着眼于价格的合理性，以保护消费者权益。同时，政府还特别关注经营环境的整洁和卫生。要求所有的餐饮单位都必须按照严格的卫生标准进行操作，以确保食品在卫生和安全的环境中制作和供应。

另外，消防安全方面，淄博政府也采取了一系列切实有效的措施。针对人员密集场所，政府组织了专项检查。无论是烧烤场所、宾馆饭店，还是景区，政府都确保了消防通道的畅通无阻。这有助于在紧急情况下迅速疏散人群，减少因火灾等意外事故造成的伤害。政府还对所有商家配备了完备的消防设备，不仅有灭火器和消防栓等基本设施，还有防火门、疏散指示灯等高级设备。这些设备的存在能够在火灾发生时起到关键的作用，减少财产损失和人员伤亡。同时要求所有经营烧烤的商家安装一氧化碳报警装置与排风扇，保障用餐环境的安全。政府还对烧烤商家的消防安全问题进行了持续的监管，定期检查，做到及时发现隐患，并协助商家进行整改。这样的做法确保了商家能够持续遵守消防安全规定，也提高了整个行业的安全水平。

第三，规范经营方面，淄博市政府也展现了强烈的责任感和决心。在规范经营方面，政府引导商家成立了淄博市烧烤协会，这一举措标志着对整个烧烤行业的正规化管理。通过这一专门的协会，商家能够共同交流、互相学习，从而提升整个行业的服务水平和产品质量。此外，协会还能协助政府监管，确保商家遵循统一的标准和规则。推动注册"淄博烧烤"集体商标，制定团体标准。这一做法不仅有助于保护和推广淄博烧烤这一地方特色文化，还能确保商家按照统一的高标准进行生产和服务，保证消费者的权益。此外，政府还要求商家规范操作、价格明码标价，并对不符合标准的设施进行更换。通过这些举措，消费者能够在选择烧烤场所时有更多的透明信息，也能享受到更加规范、更加舒适的用餐环境。

第四，价格监管方面，淄博市政府展示了强有力的管理能力，确保了消费者的权益。首先，政府对住宿商家进行了严密的监管和协调，保证住宿单位的质量和服务达到要求的标准。这不仅能够让消费者享受到更好的住宿体验，还能促进整个住宿业的健康发展，增强淄博市作为旅游目的地的吸引力。此外，政府对宾馆价格进行了严格的检查，并鼓励公示最高限价。这一措施使得价格更加合理和透明，消费者在选择住宿时能够更加明确自己的预算，避免被过高的价格所欺骗。最后，政府还加强了价格管控，打击了违法违规行为。通过这些措施，政府确保了宾馆酒店客房价格在合理范围内，避免了恶意竞争和价格欺诈等不正当行为。

最后，执法方面，政府推行柔性执法。通过摆事实、讲道理，以批评教育为主、轻处罚、重服务等方式解决问题，减少商家抵触心理，同时落实"721"工作法①和"首违免罚"制度，确保执法公正和有效。政府以人民至上的理念，强调与商家合作、共同提升，推动淄博市烧烤业的合规、安全、有序经营，既体现了法治精神，又彰显了人情味道，为淄博市打造了一个优质的烧烤文化和营商环境。

通过这些举措，政府为商家提供了有力的服务与支持，为商家的经营创造了良好的环境。

3.政府服务市民

"淄博现象"的火爆带来了多方面的好处，但是也打破了市民平静的生活，淄博市政府确保"淄博现象"平稳发展的同时，也密切关注市民的生活需求与权益，积极响应市民的要求和建议，最大限度地降低对广大市民正常生活的不利影响。

首先，生活保障方面，政府通过加强对农贸市场的计量监督检查，确保了市民的权益。通过举办"你点我检"活动，进行食品快速检测并公开展示结果，提升了市民对食品安全的信任。同时，政府增强了对区域内公

---

① "721"工作法是一种由住建部倡导的城市管理工作方法，即70%的问题用服务手段解决，20%的问题用管理手段解决，10%的问题用执法手段解决。

共安全的保障，协调解决纠纷，确保交通秩序，严禁无授权建设烧烤城，以防止噪音扰民现象，全面保证了市民的日常生活。

其次，投诉处理方面，政府积极响应并处理市民的各类诉求。无论是商铺营业、住宿问题、交通秩序，还是停车等方面的投诉和建议，政府都确保了市民的合理权益得到妥善解决和全面保障，体现了政府以人民为中心的服务理念。

最后，在环境管理方面，政府采取了全面的措施来确保城市整洁美观。为了更好地为市民提供服务，政府在环卫保洁、绿化、油烟净化等方面持续增强管理能力。特别是在人流密集的区域，政府增设了公共厕所、便民座椅等公共设施，全方位展示了淄博的城市形象。政府还积极推进了城乡环境大整治和精细管理大提升行动。通过系统地解决城乡环境脏乱差的问题，不仅使城市变得更加整洁美丽，还显著提升了市民的幸福感和获得感。另外，针对烧烤集聚区，政府还开展了环境空气质量的连续监测，并及时进行了数据分析与预警。这一措施不仅有助于及时发现和解决可能存在的环境问题，还为市民提供了更健康、更舒适的生活环境，进一步彰显了政府的责任和担当，也体现了一个现代化、人民至上的治理理念。

通过以上服务措施，政府关注市民的生活需求，加强环境管理与公共设施建设，不断改善市民的生活质量与满意度。

（二）为顾客服务，商家有温暖

1.商家服务游客

"我们做烧烤不只是为了赚钱，而是为了淄博的荣誉而战。"这是在网络上广为流传的淄博当地烧烤商家说的一句话。商家致力于保障游客的消费体验，以游客的需求和满意度为首要目标，为此付出了很多的努力。

首先，在食品安全方面，商家严格把关，保证商品的品质和安全。在确保每日经营需求的前提下，商家坚持少准备、保新鲜、不剩下，做到当天的东西必须当天卖完，保障食品的口味和安全。烧烤商家还坚持每日样品送检、规范人员着装，相关作业人员需佩戴口罩、手套等进行生产并确保从业人员拥有健康证明，绝不添加非食用物质和滥用食品添加剂，不从证照不全的供货商那里进货，让游客吃得放心。

其次，在价格方面，为了保障游客的消费，住宿商家遵循最高限价、节假日适度涨幅（不超过50%）等原则，避免宰客行为发生。烧烤商家制定了公平透明的价格政策，明码标价，不随意涨价，不收取未标明的费用欺诈消费者。因此，"淄博烧烤"的整体价格与爆火前相差不大。更有一些烧烤商家免费为游客提供场所休息。此外，淄博商家还遵循诚信经营，没有出现缺斤少两的问题。网红博主B太前往淄博进行"打假"，在八大局便民服务市场随机抽取十家店铺进行验称，无一不是足斤足两，这对淄博市的诚信文化做了充分的展示。

最后，在消费者服务保障方面，商家紧密关注游客的反馈和意见，不断改进服务流程和品质，以适应不断变化的需求。商家坚持笑迎八方来客、礼遇四海亲朋，即使在淄博烧烤爆红之后，商家依旧最大限度地满足顾客差异化的需求。同时，为更好地保障游客的权利，烧烤业户缴纳保证金，每天交给值班经理5000元先行赔付资金，一旦出现消费者投诉，若确为业户过失，则从当日先行赔付保证金中进行垫付，帮消费者挽回损失。此外，商家还通过电子屏公示停业休息信息，提醒游客合理安排行程，避免游客因排队过长而导致不好的体验。

通过以上改进，商家为游客消费提供了保障，尽可能地让游客乘兴而来，尽兴而归。

2. 商家服务市民

除了对游客服务，商家还为保障市民的正常生活做出了各种努力，从日常经营到特殊节点，无不彰显出对市民的关怀和负责。

首先，在日常经营中，商家使用无烟烧烤炉具，采用"大炉子＋小炉子"模式，其中，大炉子为主烤模式，采用两级油烟净化系统，油烟净化后达标排放，减少对居民和环境的影响；小炉子为保温模式，属于无烟烧烤，炭槽在两边，中间设有水槽，烧烤产生的油脂会滴入水槽，可以避免有害油烟的产生。从而避免了露天烧烤对环境造成严重污染而影响市民生活，保障市民的生活环境质量。

其次，在特殊节点，商家在高考、中考期间暂停营业，避免噪音扰民而影响到市民的生活。夜间十点以后商家也会主动作为，减少噪音，尽量避免因经营活动为市民的正常起居带来困扰。

通过这些努力，商家为市民的正常生活提供了保障，尽可能地避免因经营而给市民日常生活带来困扰。

（三）为游客服务，市民有情怀

随着淄博烧烤的爆火出圈，各地游客蜂拥而至，作为东道主的淄博市民即好客又"让客"。在这风靡一时的美食狂潮中，他们以主人翁精神续写着温暖人心的新篇章。

志愿者市民的身影随处可见。由居民、机关工作人员等自发组成的数万名志愿者进入车站、社区、烧烤点为游客提供交通、住宿、旅游引导等方面的服务。4327 名网格员通过加强宣传引导，进行全面走访摸排，回应群众诉求，为游客调解纠纷矛盾。他们走上街头帮助引导游客，免费为游客提供旅游咨询、文明宣传、游客疏导等服务；免费为游客提供消费维服务，对小纠纷快速接办，快速处理；同时，志愿者们还协助服务队做好应急房源调度、外地游客投诉处理等工作，确保假期期间游客的住宿体验。在淄博，你能看到在人流涌动的火车站，身穿马甲的青年志愿者为往返旅客提供烧烤攻略，协助青年旅客申请入住青年驿站；在烟火气十足的烧烤聚集区，青年志愿者化身秩序维护员和环境保护者，引导等候用餐的游客们自觉排队，捡拾各类垃圾杂物，清洁路面卫生；在潮流时尚的网红打卡点，青年志愿者协助来往游客拍下美照，留下足迹，感受城市的青春友好。

普通市民也为保障游客体验做出自己的努力。为了避免游客长时间排队，市民自发践行"将周末留给外地游客先吃"；为了避免游客旅途拥堵，他们优先选择公共交通工具，"让路于客"；为了让游客有车位可停，他们尽可能步行出门，"让车位于客"；为了让游客能够更好地感受淄博的景色，他们错峰出游，把更多当地熟悉的景色留给远道而来的游客，"让景于客"。更有一些热心市民，开着自己的私家车，免费接送外地游客来品尝淄博烧烤，市民对外地游客的友好态度不仅体现在免费接送上，还包括在游客需要帮助时提供住宿，解决他们在陌生城市可能遇到的问题，例如今年"五一"假期，王先生和朋友一行12人，相约来淄博游玩打卡，到了晚上没找到剩余的可供住宿的酒店客房，王先生将自己的"遭遇"发到了网上，一位淄博当地的大姐，主动联系王先生的妻子，将自己的房子免费提供给他们住，等王先生他们过去的时候，这位淄博大姐已经提前收拾好房间了。无独有偶，李女士在社交平台上发布消息称可以为外地来"赶烤"的游客提供免费住宿，一对来自山西的夫妇便得到了李女士的帮助，解决了住宿的问题。更有淄博当地的一位阿姨冒雨为排队等候的游客免费送包子，阿姨说："你们大老远来淄博得吃好。"淄博有一位羊肉汤老板娘，因气温骤然下降，到当地爆火的网红打卡地——八大局便民服务市场为游客们送上羊肉汤，两个小时送出500碗羊肉汤。

无论是作为志愿者的市民还是普通的市民，他们都竭尽全力去履行东道主的责任，为游客提供更好的旅途体验，体现出了淄博市民的情怀。

三、"淄博现象"中服务型关系的内在机理

（一）以人民为中心建立服务标准

"淄博现象"与其他社交媒体上的热门话题一样，其流行有其偶然性，也有其必然性。其中，非常重要的一点便是"以人为本"的原则。这就意味着服务提供者必须以人民为中心来制定服务标准。以人民为中心建立服务标准要求服务提供者了解人民的需求，并以满足这些需求为目标建立能够满足其需求的服务标准。只有这样，服务提供者才能够更准确地了解消

费者的实际需求和期望，从而提供更贴心、更实用的服务，增强公共服务的针对性和实效性，提高服务的质量和水平，并推动服务的规范化和专业化。

确立"以人民为中心"的服务标准首先要明确人民需要被满足的需求。商家、市民、游客都有各自的需求。尽管个人的需求多样化使得不可能完全满足每个人的所有需求，但是服务提供者可以通过对人群进行分类，更有效地管理和满足不同类别人民的共同需求。分类处理有助于将资源和精力集中在真正需要的地方，确保服务的针对性和高效性。通过分类，服务提供者可以将人民划分成不同的群体，并识别出每个群体的共同需求，其共同的需求便是人民需要被满足的需求。

以人民为中心建立服务标准，识别人民需要被满足的需求是关键，明确了人民需要被满足的需求之后，重中之重便是如何满足不同类别人民的共同需求。统一的服务标准难以满足所有群体的需求，因此需要根据不同类别的人民的需求建立起相应的服务标准，从而以对应的服务标准更有效地去满足相应类别的人民的需求。

（二）用需求沟通实现高价值共创

需求沟通是实现高价值共创不可或缺的重要前提。价值共创强调的是所有关系主体——包括政府、商家、市民和游客共同合作，共同创造价值。在这个过程中，有效的需求沟通就显得尤为重要。在价值共创的理念下，政府与人民之间的沟通与合作需要更加紧密。他们需要共同参与到服务的优化和提升中，以达到更高的价值共创。

政府作为服务的主要提供者，需要为市民、商家和游客提供服务。通过进行需求沟通，政府可以更深入地了解这些群体的实际需求和期望。只有真正了解市民、商家和游客的需求后，政府才能准确地把握他们的关切和需求焦点，从而提供更符合市民、商家和游客期望的服务。这样的沟通和理解进一步有助于优化服务的设计和实施，提升服务质量和效率，提供更高效便捷的服务。

淄博政府通过与市民的需求沟通，成功解决了露天烧烤引起的环境问题和扰民问题。市民们也积极响应政府的号召，展现主人翁精神，以让路于客、让景于客的方式展示热情。同时，政府通过与商家的需求沟通，促使商家升级改造烧烤炉具，实现烧烤入院，为商家的经营提供支持和帮助。商家也积极响应政府要求，以让利于客的方式提升了服务质量。另外，政府通过与游客的需求沟通，为游客提供吃、住、行等各方面的保障。游客们则积极回应政府，通过各种方式传播淄博这个充满人情味的城市的魅力。政府通过与各方关系主体进行需求沟通，实现政府与人民之间更加紧密的沟通与合作，最终实现高价值共创，共同助力淄博的发展。

（三）管理者与服务者的角色互联

淄博政府作为城市的管理者，始终将市民、游客和商家的利益放在首位，努力搭建沟通桥梁，以促进他们之间的相互作用和互惠共赢。政府将"人情味儿"作为城市形象的核心元素，并秉持着以人民为中心的发展思想。通过不断推动城市管理与市民服务的无缝衔接，政府肩负着为市民提供更优质的生活环境和更广阔的发展机会的使命。

首先，在市民与政府之间的互联中，政府始终将满足市民的需求和提升居民幸福感作为最重要的目标。政府通过开展各类活动和宣传，鼓励市民参与城市建设和社区治理，积极听取市民意见和建议，不断优化城市规划和公共服务。政府重视市民权益保障，建立健全投诉渠道和反馈机制，及时回应市民关切，解决市民问题。政府还积极鼓励市民更多地参与到社会服务中，实现政府与市民的紧密互联。

其次，在政府与游客的互联关系中，政府充分扮演着引导者和服务者的双重角色，致力于营造友好的旅游环境并提升游客的体验。政府致力于挖掘淄博丰富的历史文化资源，打造多样化的旅游产品，推动淄博烧烤等特色文化的传承与发展。政府强化旅游设施建设，优化公共交通和景区服务，提高旅游设施和服务质量，满足游客不断升级的需求。政府还鼓励商家积极参与旅游业发展，提升服务质量和文化内涵，推动淄博烧烤等地方特色文化向游客展示，实现政府、游客和商家的紧密互联。

最后，政府与商家之间的互联关系中，政府充分发挥了支持者和规范者的角色，积极引导商家做大做强。淄博政府出台了多项支持政策，鼓励商家扩大规模，提升服务水平，打造具有竞争力的品牌。政府推动"淄博烧烤"集体商标注册，提升品牌价值，促进烧烤产业向更广阔的市场延伸发展。同时引导商家积极转型，推动企业走品牌化道路，提高市场占有率和品牌影响力。政府还鼓励商家开展电商直播，扩大销售渠道，提高"淄博制造"知名度和影响力，促进政府与商家的深度互联。

淄博政府充分发挥着桥梁和协调者的角色，促进市民、游客和商家之间的相互作用，构建和谐有序的社会环境。政府以服务为中心，不断优化服务措施，推动市民、游客和商家的紧密互联，实现共同发展与繁荣。

（四）服务接受方与提供者的关系权衡

政府作为服务提供者，承担着服务市民、游客和商家的使命，其政策和行动直接影响着服务接受方的生活和发展。在权衡与服务接受方的关系中，政府首先要坚守以人民为中心的理念，积极倾听并尊重市民的意见和需求。政府在推进城市管理与市民服务的无缝衔接过程中，需要广泛征求市民的意见，建立健全反馈机制，充分了解市民的实际需求和期望。政府应该站在市民的立场，审慎制定政策，确保政策的公正合理，不得偏袒特定利益群体，而是要最大限度地维护市民的利益。

在权衡与游客的关系中，政府需要充分考虑游客的体验和安全需求。政府在推动旅游业发展和提升旅游设施服务水平的过程中，要重视游客的反馈意见，据此改进旅游产品和服务质量，创造更加友好和便利的旅游环境。政府还应该制定合理的旅游政策，鼓励商家积极参与旅游业发展，提供优质的旅游产品和服务，确保游客的权益得到充分保障。

在权衡与商家的关系中，政府在权衡关系时需兼顾其合法权益与社会责任。政府应该提供良好的经营环境和政策支持，鼓励商家做大做强，推动企业走品牌化发展道路，提高市场占有率和品牌影响力。同时，政府也需要对商家进行监管和约束，确保其合法经营，遵守规范和标准，不损害游客、市民的合法权益和社会公共利益。政府的监管措施既可以保障商家的合法利益，又能促进商家履行社会责任，以实现商家与社会共同发展的目标。通过这样的权衡，政府可以有效地促进商家的发展和社会的繁荣。

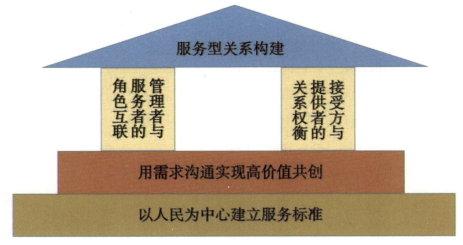

图 2 "淄博现象"中服务型关系的内在机理

总体而言，在政府对市民、游客和商家的相互作用中，权衡与服务接受方的关系是一个持续优化的过程。政府作为服务提供者，应该不断反思和改进自身的服务，始终将公众利益放在首位，积极回应服务接受方的需求和关切，确保政府行为与服务接受方的期待和利益相契合，构建和谐稳定的社会环境。

四、"淄博现象"对服务型关系构建的启示

（一）找到一个核心"点"：从核心需求出发提供服务

服务型关系构建的核心是要从核心需求出发提供服务。服务提供者为服务接受方提供服务不能"无的放矢"，而应该是"对症下药"。只有把握住服务接受方的核心需求，服务提供者才能够"对症下药"，精准提供

其所需的服务，奠定构建服务型关系的基础。

首先，服务提供者需要主动开展调研和调查工作，了解服务接受方的需求和关切。可以通过开展问卷调查等方式，收集来自服务接受方的反馈和建议，从而深入了解他们的实际需求。其次，服务提供者在提供服务时，要真正站在服务接受方的立场，将服务接收方的利益放在首位，作为服务的出发点和落脚点，根据不同服务接受方的特点和需求，服务提供者可以提供更有针对性的服务。再次，服务提供者应该建立与服务接受方的有效沟通渠道。鼓励服务接受方向服务提供者反映问题和意见，确保他们的声音得到及时听取和回应。只有充分倾听服务接受方的需求，服务提供者才能根据服务接受方的需求和反馈，更好地进行服务规划和调整。最后，服务提供者应该建立长效的服务机制，不断改进和优化服务内容和流程。通过建立长效机制，服务提供者能够更好地满足服务接受方的需求，实现服务的持续改进和提升。

（二）绘制一条时间"线"：在服务对象前面提供服务

服务型关系构建的另一个重点是要在服务对象前面提供服务。将服务对象的所思所想前置是以人民为中心的具体体现，意味着服务提供者要更加关注服务接受方的体验和感受。只有"想服务接受方所想"，才能更加全面、周到地为服务接受方提供他们需要的服务，驱动服务型关系的构建。

首先，服务提供者应当建立一个敏锐的信息收集和分析体系，紧密关注服务接受方的实际需求变化。通过建立有效的信息搜集渠道，了解服务接收方的实际需求和关切，提前预判服务接收方的需求，并提前做好充分准备。同时，服务提供者需要加强内部沟通和协作，形成一体化的服务体系，确保信息能够及时传递和响应。其次，针对服务接受方的需求与痛点，服务提供者应当主动研究解决可能出现的问题，预防和化解潜在问题。通过建立和加强问题的预警机制，服务提供者能够更早地发现问题的蛛丝马迹，及时采取行动，避免问题的发生和扩大化。最后，服务提供者要提前做好准备，以应对突发事件和突发需求。通过建立应急响应机制，加强危机管理和应急能力，加强对突发事件的处置能力，确保服务能够快速、有效地响应，使问题的影响最小化。

（三）构建一个基本"面"：要注重服务细节提供服务

服务型关系构建还要注重服务细节。服务提供者在明确服务接受方的需求和痛点，并根据其需求和痛点提供服务之后，服务细节是否到位决定了其服务是否有效。只有注重服务细节，才能更好地满足服务接受方的需求，支撑服务型关系的构建。

一方面，服务提供者需要对于每一个服务细节都高度关注和精心管理，确保服务的全面性和质量，通过建立质量管理体系，确保服务细节得到有效监督和控制。这可以帮助服务提供者及时发现和解决问题，提高服务质量。另一方面，服务提供者要加强对服务细节的管理和监督，建立明确的服务标准和流程，确保每一个细节都能得到规范化和统一执行。推动服务标准化、规范化，提高服务质量和效率，这有助于提高服务的一贯性和稳定性，保证服务接受方在不同时间不同地点都能够享受到一致水平的服务。

（四）编织一张动态"网"：要及时纠正服务偏差

服务型关系构建的保障是要及时纠正服务偏差。服务提供者在为服务接受方提供服务的过程中不可避免会出现一些失误或偏差，造成服务失败而引起服务接受方的不满，这就要求服务提供者要及时纠正偏差来完善其所提供的服务，保障服务型关系的构建。

及时纠正服务偏差最重要的是服务各方之间紧密配合，编织一张服务偏差纠正"网"，政府要制定有效措施监督商家并帮助顾客处理投诉问题，商家要配合政府并主动弥补服务偏差带来的负面影响。在服务偏差纠正的网络搭建中，重要的一环是服务提供者需要建立投诉处理渠道。通过建立投诉处理渠道，服务接受方可以方便地提出投诉和意见，向服务提供者反映问题，表达不满和期望。同时，这种渠道应该是多样化的，以便服务接受方能够选择最便捷的方式进行投诉和反馈。此外，服务提供者还需要建立快速反馈机制，鼓励服务接受方及时向其反馈问题或意见。快速反馈机制可以降低服务接受方的反应成本，促使服务接受方在遇到问题或有改进建议时毫不犹豫地进行反馈，从而使服务提供者能够及时了解问题，及时采取行动。而对于服务接受方的反馈和投诉，服务提供者应快速响应，尽快解决问题，不拖延时间。通过建立投诉处理渠道和快速反馈机制，服务提供者能够更加敏锐地发现服务中的偏差和问题，及时改进和完善服务，而要确保这些机制的有效运作，服务提供者还需要建立相应的管理体系。例如，设立专门的服务团队来负责接收和处理服务接受方的投诉和反馈；设立投诉处理流程，确保每个投诉都得到妥善处理；设置响应时间目标，以确保服务接受方的问题得到及时回应。

五、未来发展建议

从老工业城市到"顶流"城市，"淄博现象"的发生得益于当地政府、商家、市民和游客之间服务型关系的建立。淄博市政府为商家提供良好的经营环境、为市民提供舒适的生活环境、为游客提供放心的消费环境，商家为游客提供满意的服务体验的同时避免对市民的正常生活造成影响，市民让路于客、让景于客，各方关系主体都在竭力为其服务对象提供服务，正是各方之间的这种以客户为中心的服务型关系的建立，大幅度地提升了淄博的美誉度和知名度。随着"顶流"慢慢"退潮"，淄博市也将迎来常态化发展，淄博如何实现常态化的可持续发展是挑战也是机会。因此，调研组提出以下几点建议：

（一）建立服务专班长效机制

作为一个老工业城市，淄博接待游客的能力较其他旅游城市稍显不足，例如，酒店服务、出行服务等，在市场尚不足以充分满足游客需求的情况下，当地政府发挥其统筹协调、监管规范的作用就显得尤为重要。在"淄博现象"发端及爆火之际，淄博市政府主动作为，建立服务专班，有效弥补了这一劣势，加快了问题处理的速度，防止了负面事件的发生。随着"淄博现象"逐渐常态化，游客数量从高峰到平稳，过去高强度的工作模式对于服务专班的运行，并不一定适用于常态化的环境，因此，淄博市政府应对"淄博现象"的服务专班机制延续和改进，一方面，借助过去服务专班机制的优势，持续负责协调各部门的合作，为服务型关系的构建提供支持和保障。这将有助于实现政府、商家和市民之间更紧密的协同，确保服务体系的高效运作。服务专班可以负责政策制定、协调市场推广、解决纠纷等，从而为淄博市场的发展提供持续的支持和引导。另一方面，"淄博现象"常态化后，服务专班工作量减少，可以精简专班，减少各工作部门压力。

（二）塑造服务品牌形象

当"顶流"回归常态化发展，淄博市想要在市场中与其他旅游城市竞争，打造淄博的城市服务品牌形象来吸引大众的目光是脱颖而出的必要路径。在"淄博现象"中，淄博市全员服务外来游客的形象深入人心，因此，淄博要持续做好服务品牌形象的打造工作，通过热情、厚道、有人情味、政通人和的城市服务品牌形象吸引游客来淄旅游，吸引人才来淄就业，吸引企业来淄创业。在服务品牌形象打造中，一要持续扩大知名度。通过社交媒体传播、媒体推广持续为淄博注入流量；通过举办具有淄博特色的文化、艺术、体育等活动来塑造淄博城市形象的独特性；此外，通过跨界联合，与其他城市或国家开展交流合作，将淄博的优势和特色与外部分享，扩大淄博的影响力。二要进行文化输出。淄博作为齐国古都、聊斋故里、陶琉名城，有着悠久的历史和丰富的文化传统，将淄博的文化、历史和故事融入文学、电影、音乐等创意产业中，将城市的形象传递给更广泛的受众。

（三）打造完整的服务链条

一个城市的发展不能仅仅依靠某一个地区发展，而是各个地区共同努力的结果。由于淄博城市的特色，各区县距离较远，为了实现淄博市的全面发展，建议政府积极推动各区之间的合作，将各区的产品资源进行整合，形成食、住、行、游、购、娱的完整旅游产品链条。例如，可以围绕核心景点，将各区县特色产品、食品等聚集，减少游客跨区流动的困难。政府可以建立相关的合作机制，促使各区之间的合作与交流，推动产品资源的整合和共享，实现资源优势的最大化。通过整合和汇聚，可以更好地满足游客的多样化需求，提供更丰富的旅游体验。此外，整合各区县资源也能够提升淄博市的综合竞争力，实现长足发展。

（四）构建细致的服务标准

提升服务质量是良性发展和提高竞争力的关键。良好的服务质量能够吸引游客来淄旅游、人才来淄就业生活、企业来淄干事创业，从而拉动消费，推动经济增长，带动城市发展。建立标准化规范是提升服务质量的重要途径。"淄博现象"已经对政府、商家和人民的服务形象做了充分的展示，但是还是暴露出不少短板，比如，酒店行业接待能力、服务能力、酒店环境、设施等有待提高。旅游行业的旅游细节、旅游路线规划、旅游故事挖掘、旅游人才水平等都有待加强。这也导致了各行业服务质量参差不齐，因此在各行业建立服务标准至关重要。针对外来游客，要在食、住、行、游、购、娱涉及的行业内建立服务标准，提升服务质量。针对就业人才要在政府内部建立人才服务标准，优化人才引进政策及人才服务质量。针对创业企业要优化营商环境及政策，让他们放心、舒心。

六、总结

本报告梳理了"淄博现象"的发展历程。基于以客户为中心的服务理念，阐述了构建服务型关系的内在机理，并深入分析了在"淄博现象"中，各方关系主体（政府、商家和市民）为其服务对象提供的服务，揭示了服务型关系的构建路径。

通过对"淄博现象"中各关系主体的行为分析，我们进一步识别了构建服务型关系的内在机理，包括以人民为中心建立服务标准、用需求沟通实现高价值共创、管理者与服务者的角色互联、接受方与提供者的关系权衡。

在此基础之上，我们对服务型关系的认识和理解更加深刻，并从本质上总结了一些重要的启示。

在未来构建服务型关系的过程中，我们建议服务提供者应该坚持以客户为中心的服务理念，充分关注服务接受方的需求和期望，通过需求沟通实现高价值共创。政府、商家和市民作为关键的服务提供者，应该紧密互联，共同努力构建和谐有序的社会环境。同时，各方关系主体也要持续优化服务，建立有效的沟通渠道，解决问题并提升服务质量，实现服务型关系的目标和愿景。通过本研究，我们深信服务型关系的构建是推动城市发展、社会和谐、人民安居乐业的重要途径，只有不断地深入改进服务型关系，深化以人民为中心的理念，才能满足人民日益增长的需求，推动社会的进步和繁荣。

以"小产业"撬动"大消费"
——"淄博现象"调研及启示

余东华 *

摘要：淄博市以烧烤火爆出圈为切入点，实施了扩大消费的组合政策，形成了扩大消费的长效机制，取得了"扩消费、促转型、稳增长"的良好效果。淄博市在保障市场秩序和安全稳定的同时，成立了提振消费联席会议机制和扩大消费工作专班，以产业链思维培育消费热点、优化消费环境、提升消费结构，实现了扩大社会消费和提升城市形象的双赢。随后，充分利用"淄博烧烤"城市新名片，扩大招商引资引智，推广淄博"好品好物"，促进了老工业城市的产业转型。归纳和总结淄博市扩大消费的经验，对于当前我国扩大内需、保持经济稳定增长具有借鉴意义。

关键词：淄博烧烤 扩大消费 政府治理 长效机制

* 余东华，山东大学经济学院教授、博士生导师，黄河国家战略研究院执行院长，山东大学国家治理研究院研究员。付强副教授和王山博士参与了调研。本项目得到国家社科基金重点项目"现代化产业体系的评估指标、发展规律与路径选择研究"（批准号 23AZD027）的资助。

习近平总书记指出，要建立和完善扩大居民消费的长效机制，使居民有稳定收入能消费，没有后顾之忧敢消费，消费环境优、获得感强愿消费。① 消费是推动经济高质量发展的主要引擎之一，扩大消费是当前我国宏观调控政策的重中之重。2023 年 3 月以来，"淄博烧烤"迅速爆火出圈，成为现象级的热点话题，三线老工业城市淄博也成为全国大中城市中的"顶流网红城市"。美团、大众点评等平台数据显示，"五一"期间淄博旅游订单同比增长超过 20 倍，淄博住宿预订量较疫情前的 2019 年上涨 8 倍，增幅位居山东省第一名；张店区的八大局便民市场日接待游客超 19 万人次，超越泰山、乌镇、八达岭长城等知名景区，位居百度地图"'五一'景区热门排行榜"的榜首。淄博市抓住烧烤产业带来的"网红效应"和"流量经济"，以烧烤"小产业"为切入点，在扩大消费上做好策划、做实举措、做优环境，取得了"扩消费、促转型、稳增长"的良好成效。在收集和整理大量一手资料的基础上，本调研组主要是针对如何扩大消费对"淄博现象"进行了系统研究，归纳和总结淄博市培育消费热点、形成消费增长点、扩大社会消费的经验和做法。

一、"淄博现象"的典型事实分析

这里的"淄博现象"指的是"淄博烧烤"爆火出圈事件以及后续以"淄博烧烤"为切入点"扩消费、促转型、稳增长"历程中发生的典型事实。淄博是地处山东省中部的一座老工业城市，市域总面积 5965 平方公里，总人口 470 万；2022 年 GDP 为 4402.6 亿元，在山东省位居第 7 位，居全国百强城市的第 64 位。2023 年 3 月以来，"淄博烧烤"爆火出圈，成为网络顶流话题，享誉国内外。截至目前，由"淄博烧烤"爆火出圈所导致的"淄

---

① 习近平主持中共中央政治局第二次集体学习并发表重要讲话，2023-02-01，新华社。

博现象"大致经历了四个阶段，每个阶段的发展特征和政府采取的主要措施都有所不同。

（一）厚积薄发的前期酝酿阶段

自 2014 年开始，淄博市就制定了烧烤行业的管理规范和提升方案，对烧烤产业进行了改造、整治和提升，改造和推广无烟烧烤炉具，引导露天烧烤"进店、进院、进场"，实现相对集中规范经营，使烧烤产业逐步符合环保要求。2015 年，淄博市烧烤行业全部采用无烟烧烤炉具，油烟颗粒净化率达到 90% 以上，开创了市域内全部采用无烟环保烧烤的先河，较好解决了烧烤产业对城市环境和空气质量的不利影响。在集中整治和优化提升的基础上，淄博市开始通过媒体推介"淄博烧烤"。2016 年，淄博电视台制作并播出了《美食淄博》节目，专题介绍"淄博烧烤"；2017 年和 2018 年先后在央视的《和为淄味》、山东卫视的《至味山东》等节目中推介"淄博烧烤"。2019 年，淄博市实施了"城乡环境大整治"和"精细管理大提升"两大工程，先后打响路域环境治理、裸露土地整治、建设工地扬尘整治、工业企业扬尘整治、矿山开采及生态修复工业扬尘整治、移动污染源整治、农村环境整治等"七大会战"；在此基础上，连续开展路域环境提升、建设工地提升、工业企业环境提升、移动污染源治理提升、农村人居环境提升、爱国卫生活动提升、城市精细管理提升等"七大行动"。经过一年多的努力，城乡环境明显改善，城市文明程度明显提升，人民群众幸福感和获得感明显增强。2020 年 9 月，淄博市举办了首届"麦田音乐节"，并在节目中加入著名歌手现场推介"淄博烧烤"的宣传环节；10 月，市商务局牵头在全市范围内评选"烧烤金炉奖"，20 家服务规范、风味十足、业绩上佳的烧烤商户获得殊荣，成为烧烤行业的龙头企业。2021 年 5 月，淄博市邀请多位知名美食博主到淄博录制"淄博烧烤"小视频，引发社会公众的关注；7 月，推出"聚四海好友、串五味人生"的短片介绍烧烤饮食文化；9 月，发布"淄博食堂奇妙夜"中英双语视频，重点推介"淄博烧烤"；

12 月，举办"《人生一串》节目进淄博"活动，"淄博烧烤"热度逐步提升，很多青年人期待在疫情之后到淄博"赶烤"。由此可见，"淄博烧烤"一夜爆火的背后，是淄博多年来耕耘与积淀的结果，是久久为功之后的厚积薄发。

（二）顺势而为的萌芽起势阶段

2023 年 3 月 4 日，随着"大学生组团到淄博吃烧烤"话题登顶热搜榜首，"淄博烧烤"迅速火爆出圈，成为现象级的"网红热点"。政府及时发现消费热点后顺势而为，采取综合措施"推波助澜"并驾驭流量，引导热点话题的走向，利用媒介化力量，大力推广与"淄博烧烤"相关的饮食文化。"淄博烧烤"在社交媒体上的广泛传播，促成大量网友"进淄赶烤"，由此形成"媒体传播＋产品消费＋口碑营销"的市场营销闭环。市政府及时建立"淄博烧烤"会商联席会议机制，由市委、市政府主要领导任指挥，市级有关领导任副指挥，成员包括市直有关部门和各区县主要领导，成员单位根据工作需要随时调整。联席会议机制指挥部下设办公室、食品安全消费价格和经营环境、公共安全保障、交通运输、公共环境管理、文旅推广、住宿保障、舆情处置等工作专班。联席会议机制实施集中办公、每日信息报送、市领导挂包烧烤集聚区等制度，明确每个工作专班的具体职责，任务细化落实到人，保障市委、市政府决策部署及时落实落地、执行到位。随后，以联席会议机制办公室名义连续召开新闻发布会，介绍淄博烧烤美食品牌，发布烧烤地图、开设烧烤公交专线，各界齐心协力共同打造"淄博烧烤"城市新名片。

（三）因势利导的快速崛起阶段

随着大量游客"进淄赶烤""进淄补烤"，各网红烧烤点"人满为患"现象开始显现。为了有序引导游客流向、规范行业服务行为，市政府充分发挥烧烤工作专班的作用，每日调度游客流量，及时解决各种突发问题，有序引导客流。联席会议机制指挥部统筹全市文旅资源，策划多样化主题文旅产品，设计主题旅游线路，实施重点景区门票减免行动，优化旅游引导服务，增强景区服务能力和水平，提升旅游体验感和满意度。同时，各工作专班成立应急工作机制，针对食品安全、消费价格、消费维权、旅游景点、公共安全、人员滋事、人员分流、交通运输、舆情处置、旅客滞留等领域可能发生的突发事件制订了应急工作预案。政府工作人员进入应急工作状态，并且开始"全民总动员"，组织志愿者上街为游客义务服务，共同展现淄博良好的城市形象。2023 年 4 月份，采用政府牵头、社会集资、各方参与的运作模式，利用不到 20 天的时间建设能够同时容纳近 2 万人就餐的"海月龙宫烧烤体验地"，在有效疏解中心城区接待压力的同时，创造更具特色的消费场所，更好地满足了广大游客的消费体验。政府的冷静处理、科学管理和严格监管为市场有序运转提供了基本保障。在因势利导的同时，市政府工作专班牵头相关部门打造更多的沉浸式、体验式消费场景，让城市消费氛围火起来，使淄博成为一座现象级"流量城市"。政府从社会治安、食品安全、消防安全等方面开展守护淄博烧烤的护航行动。同时，在政府相关部门的引导下，成立淄博市烧烤协会，强化行业自律；推动注册"淄博烧烤"集体商标，组织制定相关标准，引导行业规范发展。在流量管控方面，全市统一口径，在高峰时期有意给"烧烤话题"降温，做好峰值引流，将媒体话题引导到城市形象、城市文化和经济社会高质量发展上，展现淄博城市的现代气息、时尚气质和活力指数。

（四）乘势而起的平稳常态阶段

一般而言，"网红现象"都具有周期性，起伏波动均属正常现象。"五一"高峰时期，淄博单日接待游客突破 120 万人，热门景区游客比正常年份同比增长 8 倍左右，交通、住宿、餐饮、购物、旅游等都出现"人满为患"现象。"五一"之后，"淄博烧烤"开始进入平稳回落的常态期，游客由高峰时期的每天 30 万人降到 10 万人左右。政府及时启动常态化管理机制，及时将工作重点转移到提振消费、促进产业转型和稳定经济发展上。烧烤火爆为淄博制造了千载难逢的"势"，如何乘"势"而起成为考验政府城市治理能力的大问题。淄博利用"顶流城市"的品牌效应，组织企业走出去开展招商引资活动，组团积极参加国内外大型展销会，推介淄博产品。书记和市长亲自带队，先后到上海、成都、合肥、济南等城市乃至其他国家开展精准招商、对接交流和"淄博好品好物展览促销"等活动。另外，为了防止产能过剩可能导致的恶性竞争，淄博市严格落实"一店一码"制度，倡导烧烤业户实行常态化轮休，避免常态化管理期间的服务质量滑坡，做到了使"网红"变为"长红"。由此可见，"淄博烧烤"进入常态化之后，淄博的消费和经济会继续保持"火"的状态，"淄博现象"仍在持续，并且新的"网红爆发点"可能出现在其他领域。

二、"以小博大"促消费的主要举措

启动居民消费需要热点引爆，有了消费热点之后还需要打出"组合拳"，才能有效扩大消费规模。淄博市政府抓住烧烤爆火出圈的机遇扩大社会消费，从旅游产品设计、公共配套服务、便民服务体系、文化旅游福利、市场监督管理等多个领域出台提振消费的政策措施，营造优越的消费环境，实现了以烧烤"小产业"撬动市场"大消费"的目标。

（一）实行提振消费联席会议机制，围绕扩大消费成立工作专班，制定组合政策

2023年4月中旬，市政府及时将烧烤联席会议机制调整为"淄博市提振消费联席会议机制"，设立办公室和10个工作专班，制定和实施提振消费的组合政策，聚焦促进汽车消费、家居消费、网络消费、新业态消费、新模式消费等方面出台了11大项100多条具体措施。通过发放消费券、打造便民消费圈、改善消费环境、提升消费结构等措施，有效扩大了居民消费。2023年上半年，全市社会消费品零售总额639.4亿元，同比增长9.7%，分别快于全国、全省平均水平1.5个、0.6个百分点，增幅跃居全省第3位。区县也建立了相应工作机制，及时协调提振消费全领域、各环节的重点工作，确保"淄博烧烤"健康发展和提振消费工作取得实效。从3月初到7月初

的 4 个月内，进入淄博的人数约为 5037.1 万人，网络媒体上与"淄博烧烤"相关的话题总播放量超过 410.4 亿次，相关舆情信息 2083 万条。借助这些话题和舆情，淄博市成为"网红城市"，为扩大消费做了最好的广告宣传。更加难能可贵的是，在工作专班和全体市民的共同努力下，在淄博烧烤火爆期间，没有出现重大负面舆情。

（二）以烧烤"小产业"为切入点，打造"吃、住、行、游、娱、购"的大型消费产业链

淄博利用烧烤火爆契机，积极打造和完善烧烤产业链，保障牛肉、羊肉、小饼、水果、啤酒、饮料、辣椒、调料等大批量供应，以及烧烤炉具和配套设施的制造、运输和维修。2023 年 7 月，淄博烧烤产业链上包括肉类批发商 313 家、烧烤小饼生产企业 87 家、烧烤炉具生产企业 12 家、烧烤餐饮业户 2231 家，还有大量分散的小葱、调料、海鲜、蔬菜和其他物料的生产和批发业户。在推动烧烤产业"串珠成链"发展的同时，以烧烤产业为切入点延伸产业链，将淄博的"好品、好吃、好看、好用"串联起来，打造"吃、住、行、游、娱、购"城市消费产业链，使游客进得来、留得住、花得出。淄博市采用产业链思维，乘势推动消费热点的扩散和延伸，及时推出博山菜体验酒店、淄博名吃小市场、陶瓷琉璃展览馆、中医药文化体验区、工艺书画一条街、丝绸服装展览会等文旅产品和精品线路，策划推广了陶瓷、琉璃和丝绸等淄博文化灵魂"三件套"。通过这些创新性举措，有效延长了城市消费产业链，形成了具有知名度的城市消费圈，扩大了地方特色产品的销售。烧烤的火爆为当地的物流、房地产、休闲文化等多个行业的发展带来了新机遇，在推动服务业快速发展的同时，也拉动了食品加工、琉璃制造、丝绸纺织等制造业的发展。在烧烤火爆期间，淄博市的住宿、餐饮、交通、快递业务均成倍增长，3 月初之后的四个月内，全市 73 家 A 级景区累计接待游客 667.5 万人次，实现营业收入 8968.3 万元。

（三）统筹规划建设夜间经济街区，丰富旅游休闲业态，提升游客消

费体验

　　发展夜间经济，既能够有效扩大居民消费，也能够丰富群众文娱生活。淄博市商务局、发改委、城管局、公安局等多部门联合制定了《夜间经济街区管理暂行办法》，执行定点定时、安全环保、卫生清洁、配套齐全的管理理念，在城区特定地段适度放开夜间店外经营，打造90多处特色鲜明、业态丰富的"夜间经济示范街区"。为了给游客良好消费体验，淄博市延长了夜间旅游场所的营业时间，创新了夜间旅游休闲业态，尽最大努力满足了部分未在平台预约的"不速之客"的消费体验。为了提高城市接待能力，淄博市大胆推动有条件的饮食场所、购物场所和工业旧址逐步"景区化"，引入文旅元素将海月龙宫烧烤体验地、八大局便民服务市场、周村明清大街等改造为旅游目的地，让游客沉浸式体验齐国故都的"烟火气"，并将"淄博烧烤"逐步提升为"文旅淄博"。在烧烤最火爆的高峰季，市政府主动开始降低话题热度和引流话题流量，积极引导烧烤热度向齐文化、鲁菜发源地、淄博旅游、城市形象等方面分流，将游客吸引到其他旅游休闲业态，获得更加丰富的旅游体验。发挥全域公园试点城市的文旅资源优势，引导游客流向"东齐、西商、南山、北水"四大公园片区，体验齐商传统文化、红色革命文化、自然生态景观和黄河风情风貌。通过各方努力，淄博给游客留下了良好口碑，提升了城市知名度和美誉度。通过统计游客调查问卷发现，98.2%的被调查对象对"淄博烧烤"的价格和质量表示满意，95.4%被调查对象对到淄博旅游的消费体验表示满意。

　　（四）建立秩序保障体系，确保"网红景点"有序运转，千方百计为游客提供出行便利

　　针对大量游客涌入淄博的现实，淄博市建立了应急处置机制和责任明确、管理到位、快速反应的秩序保障体系，确保景区安全有序。首先是建立信息保障体系。推出"智慧淄博烧烤服务"微信小程序，将1700多家烧烤店、251家鲁菜馆、76个景区、1565家酒店、45个"网红打卡地"、61

个老字号店铺的相关信息，通过微信平台统一展示，实现了智能推荐、导航引领、火热程度展示和提前预约等功能。上线"您码上说·我马上办"智能小程序，及时回应和办理游客、市民的合理诉求和意见建议，获得超高满意率的同时，也保障了城市安全秩序。其次是建立安全保障体系。由商务局牵头组建了6个联合督导组，分赴各区县进行进驻式的督导抽查和包片负责，确保饮食安全和现场秩序。三是建立后勤保障体系。"五一"期间，发动网格员7000多人、市直部门党员干部1100人、志愿者近7000人在人流集中的重点区域开展引流疏导、保洁送水等志愿服务，确保了浅海美食城、八大局便民服务市场、陶琉馆、海岱楼等热门区域日均接待游客接近极限仍然秩序井然。

（五）借助媒体平台开展城市整体营销推广，带动社会消费提质增量

淄博市充分发挥深度媒介化时代各类媒体平台的作用，形成了全媒体传播体系，营造了一个有利于传播正能量的社会舆论生态，较好引导了社会情绪和社会心态。在"淄博烧烤"火爆初期，淄博市引导各媒体迅速对这一新闻现象进行正面报道，《大众日报》、山东广播电视台等省内主流媒体迅速跟进，新华社、央视、《光明日报》等国家主流媒体也纷纷加入，发布各种直播、短视频、评论和深度报道。同时，市文旅局牵头及时开通"文旅专列"，宣传推广淄博饮食文化，扩大了淄博的舆论传播力和影响力。随后，淄博大胆利用新媒体优势，策划"春光正好·淄博烧烤"等系列主题活动，推出了"烧烤+"和"+烧烤"系列产品，包括"烧烤+踏青赏花游""烧烤+网红景区打卡游""烧烤+工业风体验游""烧烤+民宿田园游""婚庆宴请+烧烤""公司年会+烧烤"等。举办文化旅游节、美食音乐节、篝火晚会、花朝节、啤酒节等特色活动，通过提供丰富多彩的消费体验推动"食客"转变为"游客"。在"淄博烧烤"火爆的高峰时期，淄博更加冷静理性，秉持"只做实惠事、不说自夸话"的原则，真心实意为游客着想，让游客主动挖掘淄博的城市亮点并且"替你说好话"，通过口碑营销带动消费扩张。通过游客

和网民在新媒体平台上的传播，热情、包容、好客、淳朴、大气的城市形象深入人心，城市特有的人文风骨和精神特质使淄博成为温暖之城、诚信之城、文化之城。淄博市借助媒体平台开展的城市整体营销推广，将"淄博烧烤"打造成了美食盛宴、旅游盛会和文化盛事，随后通过打造消费新场景、发展消费新业态、构建消费新赛道、完善消费新机制、营造消费新文化等措施，提升了城市形象和知名度，使淄博俨然成为消费中心城市。

三、构建扩大消费的长效机制

构建扩大消费长效机制，是畅通国内大循环的关键环节，也是将最终消费转变为经济高质量发展重要引擎和持久拉动力的重要举措。淄博市已经成功地将消费热点和消费爆点转变为扩大消费的增长点，初步形成了扩大消费的长效机制。

（一）策划特色促销活动，培育新型消费动能

淄博市主动适应消费者追求舒适化、生活化、人情味十足的消费体验需求，抓住大众对美好生活向往的本质，首先用最真实的、最具有烟火气息的生活场景来打造文旅产品与"消费卖点"，引发社会关注，启动消费需求。在此基础上，开展诚信家政进社区惠民促销、电商产业沿链聚合行动、"齐品好物"直播电商节、"约惠春夏消费季"等系列大型促销活动，扩大陶瓷、琉璃、丝绸、特色农产品等线上与线下联动销售，同时开发"足球探源""寻味齐国故都""寻梦稷下学宫""红色研学游""乡村好时节""城市艺术秀"等考古游、乡村游、工业游、研学游、风情游等精品线路，向游客推介和展示齐文化风采，培育消费新热点，激发新型消费动能。为了使淄博产品走向全国，文旅局等相关部门主动对接"网红大咖"和"流量明星"，聘任其为"淄博好物推荐官"，共同推动特色产品的促销活动。青年人消费具有崇尚活跃、追求时尚、强调个性和注重表达等特点，淄博市针对青年人的消费特点推出"发现淄博""网红打卡""青春歌会"等特色活动，吸引青年消费群体，带动新型消费。

（二）打造会展产业链，扩大消费联动效应

淄博市在推动"淄博烧烤"由"小地标"向"大品牌"转变的同时，积极培育会展品牌和特色会展项目，推进会展与旅游、文体、商务等产业融合发展，形成"会展产业链"和"产业带会展"，以会展活动促进消费良性循环，充分释放社会消费潜力，以消费拉动相关产业发展。今年以来，淄博市先后举办汽车春季博览会、糖酒商品交易会、化工科技博览会、"淄博好品展""山东手造展"等大型会展 30 多场次，累计吸引参展商、采购商、各类业主等近 39 万家。利用"淄博烧烤"的网红效应，邀请大型知名企业来淄博举办各类大型年会，全面激发社会消费潜力，吸引企业投资创业，扩大消费的产业联动效应。通过会展活动和宣传推介，将游客的兴趣点逐渐从烧烤、美食转移到景区、景点上，再从景区、景点转移到城市形象和城市文化上，不断扩大消费的品牌联动效应。通过打造和延伸会展产业链，淄博市用游客流动引导、带动资源流动和商品流动，形成能够扩大消费的"流量经济"。

（三）丰富城市消费业态，创建区域性消费中心城市

淄博市按照"推行人性化管理，以人情味守护烟火气"的消费理念，不断推出新型城市消费业态，致力于推动老工业城市的转型，建设区域性消费中心城市。首先是创造特色消费场景，培育一批特色餐饮品牌，打造一批名景、名店、名品、名师。依托周村古商城等齐文化气息浓厚的街区建设一批老字号集聚区，推动老字号焕发新活力。近年来，淄博市改造提升工业旅游基地 16 家，规划建设老工业遗址 9 处，修葺完善红色旅游景区 15 家，获批建设国家级乡村旅游重点村 4 家、省级乡村旅游重点村 13 家，城市文旅消费项目更趋多元化。其次是丰富夜间经济业态，策划推出"追光海岱楼、奇妙淄博夜"等夜间旅游项目，支持各类大型商业综合体、各类商户、博物馆、图书馆等延长开放时间，鼓励开设 24 小时便利店。通过游客反馈和社会投票的形式评选出 34 家市级夜间旅游标杆市场、示范街区

和优秀企业，政府给予 650 万元奖励，鼓励它们创新消费业态。再次是延展文旅产业链，放大"淄博烧烤"品牌效能。推出"畅游最美书店海岱楼钟书阁""打卡唐库文创园""翰墨华章书画淄博""百名书画家共绘百米长卷"等文创活动，丰富城市消费业态。淄博市还善于从火爆的元素中放大视野、延伸链条，将流量引至更多领域，进而实现城市品牌整体宣传，让"网红城市"变成"长红城市"。在烧烤爆火期间，及时推出以陶瓷、琉璃、丝绸等为主打产品的多种文旅产品"三件套"，营造"品美食、购好物"的旅游消费氛围。

（四）健全城乡基础设施和流通网络，增强城市集聚功能

扩大居民消费需求，需要四通八达的交通网络和完善的城乡基础设施。据悉，淄博市先后投资 352.1 亿元，推进实施高速路精细化改造、火车站北广场改造、经十路东延、城乡交通网改造等重点建设项目，加快县级物流配送中心、快递分拣中心、商品交易市场等县域商业体系建设，提升城市综合服务功能，增强对人才、资本等要素的吸引力。加快城乡基础设施建设，能够增强城市对商品、要素和人流、物流的集聚功能。近年来，淄博重点实施旅游基础设施提升行动，优先升级改造游客接待中心、交通设施、公共厕所、旅游标识等短板弱项，提升游客体验感和满意度。创新"农超对接"模式，组织大型超市参加特色农产品展销会，以产销对接促进商品流通；积极争取国内外知名零售企业开设连锁品牌旗舰店和区域首店，畅通"淄博好物"的市场流通渠道。

（五）优化营商环境，以产业链思维扩大招商引智

淄博市政府清醒地认识到，餐饮业只是城市经济发展的切入点，工业才是淄博经济的"重头戏"，推动制造业转型升级和实体经济高质量发展是提升城市综合实力的"顶梁柱"。"淄博烧烤"爆火之后，政府牵头多市场主体联动，将"引进来"与"走出去"相结合，制定产业招商目录，以产业链思维招商引资，吸引大企业、大项目落户淄博，吸引青年人到淄

博创新创业。市政府领导带领企业家到东南沿海城市开展精准招商，通过积极参加高水平展会、产业交流会等大型活动，推动本地企业"走出去"抢订单、占份额，将外地企业"引进来"，聚力招新引强、补链扩群。市政府制定了关爱企业家"十条措施"，在全市推行服务企业专项制度，为356名优秀企业家发放了优秀企业家服务卡，为企业家提供全方位的贴心服务，弘扬企业家精神。进一步完善"人才金政"、招商引智等政策措施，吸引优秀青年到淄博创新创业，积极将"网络流量"转化为"人才留量"。近年来，淄博市以创建好学、好看、好吃、好玩、好创业的青年创业友好型城市为目标，增强对青年人的吸引力。秉持"让城市对青年更友好，让青年在城市更有为"的理念，将青年发展友好型城市建设工作列入"十四五"规划重大任务。近3年已经吸引16.7万大学生在淄博就业，未来五年计划吸引20万大学生到淄博发展。越来越多的年轻人选择在淄博落户创业，不仅助力淄博产业升级，也为城市带来了活力，成为拉动淄博经济高质量发展的新动力。

四、扩大消费的成效与"淄博现象"的启示

淄博在历史上是一个工商业城市，齐文化"变革、创新、开放、务实、包容"的文化基因绵延数千年，塑造形成了淄博这个城市向上、向新、向外的精神内核，留下了底蕴深厚的商业文化传统。"淄博烧烤"现象真实上演了"一种美食带火一座城"的神奇故事，也激活了这座古老城市的商业文化基因。2023年上半年，淄博烧烤产业的营业额增长5倍以上，更重要的是间接带动餐饮住宿、文化旅游等其他产业的快速发展，提升了城市知名度、美誉度，扩大了就业规模，增加了居民收入。2023年上半年，淄博住宿餐饮业、营利性服务业增加值分别增长9.9%、12.9%，对经济增长的贡献率同比提高1.5个百分点；居民收入增长6.5%，老百姓得到了实实在在的实惠。上半年，淄博全市一般公共预算收入同比增长9.2%，增幅跃居全省第2位。通过放大烧烤产业在扩大消费方面的积极效应，淄博市实现了经济稳步增长、总

量持续扩大、质效不断提升，高质量发展基础更加坚实。

"淄博现象"对其他城市扩大消费具有启示作用。

（一）精准打造扩大消费的切入点，通过培育消费热点刺激消费稳步回升

消费热点也是消费增长点，通过系统策划、政策引导、网络传播和媒体宣传等手段培育消费热点，引领消费规模扩张和消费结构升级。以培育消费热点创新消费业态，基于消费业态培育消费热点。政府要善于挖掘城市的文化底蕴和城市基因，利用网络宣传力量培育消费热点。淄博是齐文化发祥地，是古代全国著名的手工业中心和商品集散地之一。"淄博烧烤"有效融入了齐文化的基因，给消费者带来的不仅仅是美食，还有真诚的情怀、火爆的氛围和悠久的文化。企业要找准消费者的体验需求和社会交往需求，通过舆论引导、网上宣传和邀请传播力强的青年人现场体验等途径，培育和形成消费热点。适应消费潮流朝着年轻化、多元化、智能化、生态化、体验化方向转变的趋势，培育和形成共享型、社交型、互动型消费热点。在消费热点形成之后，政府及时跟进，整合市场主体，营造良好的消费文化和富有地方特色的消费氛围，增强游客的仪式感、体验感和获得感。淄博已经从"赶烤""补烤"过渡到"挖宝""品宝"阶段，社会消费全面复苏回升，成为推动经济稳步增长的主要引擎之一。

（二）发挥政府在扩大消费中的引导作用和规范作用

在淄博烧烤从"爆火出圈"到"回归常态"的整个过程中，政府顺势而为、理性引导，采取了恰到好处的应对措施，展示出了极高的城市治理能力，值得总结和推广。在烧烤最火爆的4月和5月，政府工作专班集中办公，制订了食品安全、社会治安、住宿餐饮、交通疏导、环境卫生等各方面的应急预案，确保平稳度峰，没有发生负面舆情事件。政府职能实现了从管理到经营、从治理到服务的转变，政府敢于为市场经济站台撑腰，赋予城市活色生香，赋能百姓人间烟火，展示了"有志、有为、有效、有界"

的良好形象。"淄博烧烤"的平稳过渡，使社会各界认识到"淄博烧烤"的火爆出圈，不仅是"烤炉＋小饼＋蘸料""灵魂三件套"的吸引和诱惑，也不仅仅是当地政府竭诚呵护的温暖瞬间，更是全方位折射出城市的文化积淀和历史传承，齐国故都、陶琉名城、聊斋故里、红色热土等精彩故事共同支撑了"淄博烧烤"和"淄博现象"。淄博市在营造良好的消费文化方面也可圈可点，通过传播具有正能量的消费文化重塑消费者的消费行为、增强消费者的获得感。从淄博烧烤爆火伊始，淄博市就开始构建具有地方特色的"文化场域""拟像空间""意义化情景""情景性氛围"或"体验性场域"，让消费者体验"沉浸式消费"和"氛围性消费"带来的愉悦感，形成良好的消费经历。

（三）切实关注市民诉求，提升市民的凝聚力和荣誉感

长期以来，淄博市政府一直关注民生需求和市民诉求，实施了一系列"为民、便民、惠民、利民"的民心工程，并且"说老百姓听得懂的话，做老百姓得实惠的事"，因而深受市民拥戴，这就为应急时期凝聚社会力量奠定了基础。在"淄博烧烤"爆火期间，淄博市发出《致全市人民的一封信》，强化了市民主人翁意识，提升了市民的凝聚力和荣誉感。在"五一"前后的爆火时期，大量游客涌入淄博，淄博全体市民自觉响应政府号召，主动减少车辆出行、让道于客，主动推介文旅项目、热情待客，主动参加义务劳动、开门迎客。在淄博烧烤爆火的过程中，淄博政府的确起到了非常关键的组织、引导、协调、管理、服务的作用，但是更不能忽略淄博社会各阶层的付出，尤其是淄博 470 万市民在这场活动中的巨大作用，他们共同书写了"我为淄博荣誉而战"的感人故事，是"全民总动员"共同铸造了有温度、高品质、"人好物美心齐"的城市形象。为了回馈市民的无私奉献，从 5 月 4 日到 5 月 12 日，淄博所有景区为淄博市民免除门票费用，约有 12 万本地市民享受了景区贵宾服务，提升了市民的归属感和荣誉感。

（四）巧用网络力量，提升城市品牌、知名度、美誉度和无形资产，

增强城市竞争力

在深度媒介化的社会，需要利用好网络力量，组织实施新传播，选对宣传平台，善于采用短视频平台"裂变式"传播方式，让网络流量成为城市形象的正向助推器，赋能城市高质量发展。淄博较好利用了网络正能量，将网络传播与城市治理有机结合，加强城市整体形象宣传，多渠道推介城市生态、文化古迹、旅游景点、手造产品等，开展"淄博好品"展销活动，提升城市知名度和美誉度。互联网是一个双向催化剂，用对了就是正能量，反之就是负面舆情，反噬流量。淄博市成立了舆情处置工作组，负责做好网络舆情的监测、研判、引导和应对工作，确保不发生重大负面舆情事件。在借助互联网传播力时，要重点关注朝气蓬勃、自带流量、激情四射的青年群体，善于用互联网语言解疑释惑，传播城市好声音，讲好城市故事，引导舆论走向，形成有利于提升城市形象的群体心理动力机制。提升了城市品牌和知名度，累积了城市无形资产，是淄博市在烧烤火爆现象中的最大收获。

五、持续扩大消费的几点建议

淄博市在以"小产业"撬动"大消费"上已经积累了成功经验，建议在总结经验的基础上继续大胆创新，以消费为动力，通过消费转型促进产业转型、通过消费延伸促进业态融合、通过消费升级促进经济增长。

（一）千方百计增加居民收入

收入是影响消费最为根本的原因，我国消费率偏低的主要原因是居民收入水平较低。我国居民工资性收入占 GDP 的比例仅为 24.21%，远低于美国的 56.89%。扩大居民消费，首先要千方百计创造就业岗位，协助困难群体灵活就业，切实增加居民收入、改变居民心理预期、增强居民扩大消费的意愿，提振社会各阶层的消费信心。主要措施包括：直接给低收入群体发放消费补助金，确保"不发生规模性返贫"；设立青年创业专项种子资金，为青年人提供创业扶持，通过"万众创业"和发展民营经济等手段解决青年人"就业难"问题；加大转移支付力度，为财政困难县区的工资及时足额发放提供帮助；保障农业生产资料供应充足，防止农药、化肥、农机等农业生产资料价格上涨，多渠道提高农民收入；提高行政事业单位职员的工资待遇，鼓励企业在能力所及范围内提高工人工资；提高退休人员的社会保障水平，鼓励老年群体放心增加消费支出。

（二）精益求精优化消费环境

良好的消费环境是提振消费信心、扩大消费需求的重要一环。在新消费时代，消费者消费的不仅是商品本身，而且消费特定的情境、氛围和文化，以增强消费的安全感、体验感和满足感。这就要求各地营造安全、放心、便利的消费环境，破除扩大消费的体制机制障碍，从微观上改善居民消费体验、满足个性化消费需求，从宏观上提升消费质量、促进消费规模扩大。优化消费环境，首先要加强食品、药品、特种设备和工业产品质量的安全监管，严厉打击假冒伪劣，保护知识产权，保障消费者的知情权、选择权和公平交易权，使消费者在放心消费中享受消费带来的外溢价值。其次是引导平台企业通过产品、技术、设计创新获取竞争优势，改变恶性竞争和价格战的不良生态环境，让消费者放心消费。还要利用数字经济带来的新技术、新业态和新模式创造丰富的消费应用场景，为人们提供更智能、更高效和更安全的消费环境和消费体验，从而更好满足生存型、发展型和享受型等多类型多层次的消费需求。

（三）全力以赴提升消费结构

消费结构升级主要表现在消费内容的丰裕与消费结构的优化，不仅能够扩大消费水平，而且能够为产业结构升级和经济高质量发展提供强劲动力。引导居民消费需求由生存型消费向发展型消费和享受型消费升级，逐渐形成以服务性消费为主、物质性消费为辅的消费结构。鼓励和引导消费者增加在旅游、康养、培训、文化、教育等方面的消费支出，更加注重非物质层面的体验、享受和情感等精神需求满足，以消费结构升级推动产业结构转型升级。加快发展健康产业、养老产业、托儿所和幼儿园、文化产业、旅游业、体育产业、家政服务和物业等服务业，最大限度满足高端消费需求。虽然目前房地产市场不温不火，但房地产支出仍然较大程度挤占了居民消费能力，影响了居民消费结构升级。因此，一方面需要逐步改变对住房、汽车和部分高端消费的抑制政策，深化住房制度改革、加快建设保障性住房，让商品房回归商品属性，完善引导高端、高档消费政策，推动消费结构升级；另一方面，要加快户籍制度改革和城市化进程，推动农民工在城市就地落户转变为市民，在扩大消费规模的同时推动消费结构升级。以消费结构升级扩大淄博"好品好物"的销售，从而促进产业转型和融合发展。

（四）敢为人先创新消费方式

新一代信息技术为消费方式创新提供了无限可能，引导企业主动适应消费习惯和消费方式日益数字化、个性化、社交化等特点，顺应商业行为网络化、数字化、智能化的趋势，创新绿色低碳、文明健康的消费方式，满足绿色消费、网络消费、信用消费、沉浸式体验消费等多样化需求。积极发展夜间经济、首店经济、文旅体验、乡村民宿等不同类型的消费场景，依托创造消费场景创新消费方式，提升消费者参与度，打造信息消费、数字消费、时尚消费和绿色消费等新的消费热点，推动消费结构提档升级。释放消费活力，在文化、生活、休闲等方面开发新的高端消费潜力，从而实现消费服务供给能力和消费品位的携手提升。积极创造条件，试点建设国际消费中心城市，打造立足国内、辐射周边、面向世界的具有全球影响力、吸引力、集聚力，且具有专业化、特色化、现代化特征的综合性消费中心。

从流量经济看"淄博烧烤"

李铁岗 尹莉 黄海啸[*]

摘要： 本调研报告围绕淄博烧烤火爆引起的流量经济，探讨了流量经济对城市价值提升和城市发展的意义与影响。调研结果显示，淄博烧烤产业初期引爆了流量经济，逐渐形成了规模庞大的烧烤消费流量。随着消费者体验的传播吸引效应，烧烤产业吸引大量游客和消费者涌入淄博，形成了消费流量经济基础，导致烧烤产业爆发式增长和流量经济的裂变。报告建议，加强公共基础设施建设，提升城市吸引力，为游客和消费者提供便利条件；培育具有地方特色的文化、旅游、体验经济创新项目，推动烧烤产业与其他产业的融合发展；发展数字经济，提高服务质量与效率等建议。淄博烧烤火爆引起的流量经济对城市发展具有重要意义与影响。政府应通过流量经济，提升城市形象和知名度，推动经济增长，为城市的发展带来更多的价值与贡献。

关键词： 淄博烧烤　流量经济　留量经济　城市发展

---

　*李铁岗，山东大学经济学院教授，研究方向为城市经济；尹莉，山东大学经济学院副教授；黄海啸，山东大学经济学院副教授。

今年 3 月以来，"淄博"成为中文互联网中最炙手可热的城市，到淄博体验烧烤成为四月清明假期、"五一"劳动节及暑期学生游的重要选择之一。数据显示，截至 7 月 9 日，涉"淄博烧烤"相关话题总播放量 410.4 亿次。3 月 1 日—7 月 9 日，日入淄博（在淄博）人数约 5037.1 万人。"五一"期间，经铁路到淄博人数共 32.72 万人次，淄博站累计发送旅客 24.03 万人次，较 2019 年同期增长 8.5 万人次、增幅 55%，其中，5 月 1 日淄博站到达 5.89 万人次、发送 5.39 万人次、到发合计 11.28 万人次，三项均创历史最高纪录；经高速和国省道入淄车辆共 111.3 万辆，各客运站到淄共 3.55 万人次。"进淄赶烤"的群体从初期本省的大学生几经转变，经由互联网辐射，囊括了来自全国的家庭亲友团和各类公司团建旅游团。互联网中高居热点榜首的各种"故事"与奔涌而来的人流，引燃了整个淄博，淄博在应对"新晋网红城市"这一新身份的同时也在塑造着自己在亿万网民心目中的城市新形象，融合"流量"实现城市发展进入新阶段。

从流量经济的角度审视，淄博烧烤的火爆，为淄博这座老工业城市带来了巨大的信息传播流量和消费者流量。其后，线上信息流量向线上线下消费流量经济转变，进而通过流量分流、转换、融合形成旅游流量经济、会展流量经济、投资流量经济等多层次的流量经济，并形成了网红经济[1]和创作经济的发展雏形。"淄博现象"显然已经成为我们考察城市流量经济发展的一个"典范"，为我们探讨城市流量、流量经济、流量经济融合发展提供了有益的借鉴。

一、淄博"流量经济"的形成

淄博流量经济的起点是烧烤。尽管淄博烧烤有其特色，但在此之前，

---

① 杨江华. 从网络走红到网红经济：生成逻辑与演变过程 [J]. 社会学评论，2018，6(05)：13-27.

烧烤行业和其他城市一样，是一个普通的城市饮食业。正是在全程服务与网络口碑宣传的支持下，"烤炉小饼蘸料"灵魂三件套成为"淄博烧烤"的标识性特征，从一个地区性消费点，转变为互联网中的"热点"，吸引了全国各地越来越多的食客，形成淄博信息流量的暴增，为线下消费流量经济产生与发展奠定了消费人流基础。

"淄博烧烤"在现代信息技术抖音、短视频等社交媒体数字平台的快速传播下，获得了广泛的信息流量，在顾客口口相传信息流量的反馈裂变中，信息流量传播引发了更多人对"淄博烧烤"的兴趣，增加了消费者流量快速增长，促进了消费流量经济的形成。据测算，3—4月，全市烧烤经营业户日均接待 13.6 万人次，"五一"期间日均接待达 30 万人次，其中，浅海美食城、临淄大院两大烧烤聚集区"五一"期间累计接待量分别达 21.25 万人次、10.1 万人次。淄博烧烤海月龙宫体验地，4 月 27 日—7 月 9 日累计入场 108.7 万人次，瞬时最大峰值 2.06 万人。浅海美食城 3 月 1 日—7 月 9 日累计入场 184.85 万人。[①]

随着淄博消费流量经济扩散及"淄博烧烤"声誉不断提升，消费者流量逐渐形成流量规模效用、流量溢出效应和流量协同效应，越来越多的人愿意前来淄博体验消费，许多消费者不仅品尝美食，还会在当地进行旅游、购物、住宿、观光等附加消费与增值消费，形成了淄博以消费流量经济为基础的多层次流量经济，进而引发旅游流量经济，为酒店、旅游景点、旅游服务等方面的增长提供流量基础，促进城市第三产业的发展基础。淄博市为用好"淄博烧烤"带来的"大流量"，以"烧烤+"理念打造多元化文旅产品，策划"春光正好·淄博烧烤"5 大文旅主题产品和 10 条主题线路，举办文化旅游节、美食音乐季、篝火晚会、花朝节等特色活动。在各大景区开辟特色烧烤区域，推出高铁票换景区门票、向消费者提供丰富多

---

① 课题组调研材料数据

元的"一站式"消费体验，推动更多"食客"向"游客"转变。3月到7月间，淄博市全市73家A级景区累计接待游客667.44万人次，实现营业收入8968.32万元。淄博陶琉馆累计接待游客71.23万人次，日最高接待2.1万人次；钟书阁累计接待游客183.44万人次，日最高接待4.28万人次。自3月份以来，全市酒店共入住333.65万人次。1—5月份全市限额以上住宿行业营业额同比增长39.3%。[①]

消费流量向不同产业领域的分流、扩散、融合，推动了会展流量经济、投资流量经济，这使得流量从消费领域流量向生产领域流量的扩展。随着淄博烧烤的成功出圈、淄博城市知名度的增加，淄博已经成为会议和展览的热门目的地、吸引投资的价值名片、吸引人才的安居乐业乐园。今年春季以来，淄博组织开展中国（淄博）汽车春季博览会、2023山东省糖酒商品交易会、2023年第七届中国（淄博）化工科技博览会等15场大型展会活动，累计吸引参展商、采购商、专业观众等39万余人参加，预计今年展会活动将达30场次。[②]投资领域"提质升级"

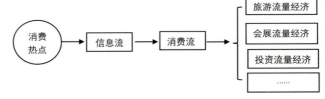

图1 淄博"流量经济"形成图

成效初显。2023年，淄博张店区新签约、立项过亿元产业项目33个，计划总投资201.79亿元，其中10亿元以上项目7个，到位省外资金33.7亿元，实际使用外资2820万美元。[③]淄博流量经济的演变如图1所示。

二、淄博"流量经济"的发展阶段与特征

淄博流量经济发展经历了流量形成、流量集聚、流量暴增、流量裂变、

---

① 课题组调研材料数据

② 课题组调研材料数据

③ 齐鲁晚报2023年9月28日，《淄博张店：全面提高招商引资成效 助力城市转型再升级》，https://www.qlwb.com.cn/detail/22271059.html

流量扩散和流量融合演化过程。具体而言,其发展可以划分为三个阶段,即初期阶段、中期阶段和稳定阶段。每一个阶段的成功都有赖于市场主体与公共治理主体的"顺势而为"。

1. 初期阶段

淄博烧烤流量经济初期阶段包括流量形成与流量集聚的两个过程,流量的形成与集聚取决于城市知名度决定的吸引力和引导力。淄博流量经济流量形成的标志是"相约淄博",流量集聚的标志是政府引导、媒体曝光,在这个阶段,媒体信息流量逐渐增强消费者对烧烤产品的消费体验兴趣,吸引更多的商家加入烧烤行业,形成了初步的烧烤流量。随着吸引力逐渐增强,形成了一定规模的流量集聚。此阶段的成功关键在于,商家达成诚信经营共识,以诚信提升满意度水平,以满意度增强流量吸引力;政府积极善为、因势利导、分流引流,不断总结治理经验,促进积极流量形成与扩散,消除不良流量的恶意传播与扩散,形成信息流量与消费流量的互动反馈,增加淄博烧烤知名度,通过知名度提升流量吸引力,扩大流量入口渠道与流量源,形成与集聚流量。

2. 中期阶段

淄博烧烤流量经济中期阶段包括流量暴增与流量裂变两个过程。在这个阶段,由于官方媒体的公正性、引导性、广泛性报道,不仅提高了流量信息的可信度,同时增强了信息流量的正反馈传导和流量暴增。暴增的淄博烧烤信息流量在社交媒体等平台上广泛裂变传播,配合各类宣传手段裂变宣传,从而吸引了大量外地游客和消费者,引发了消费流量的迅速暴涨。网络宣传的增加促使线下消费供不应求,烧烤产业开始爆发式增长,形成了流量暴增阶段。这个阶段成功的关键是政府对于信息流量治理及时加大监控,帮助度过暴增流量洪峰,引导暴增流量良性裂变,避免不良网络信息产生。政府对于市场治理是柔性监管、规范市场、保证安全、提升服务,提高消费者的满意度,通过满意度提升增强流量粘滞力,变流量为留量。

3.稳定阶段

淄博烧烤流量经济稳定阶段包括流量扩散与流量融合两个过程。这个阶段随着流量的不断增长，流量经济逐渐趋于稳定。消费者对淄博烧烤的认知逐渐深入，形成了相对稳定的消费群体，流量逐渐稳定在一个供给相对平衡的稳定火爆水平，进入了流量稳定阶段。

这个阶段流量扩散的特征是，流量从烧烤消费流量向相关产业流量扩散，形成烧烤产业火爆促进烧烤+其他相关产业兴起的局面，如"烧烤+文化旅游""烧烤+体验经济""烧烤+会展经济"等流量扩散流量经济模式。进而，随着流量扩散流量产业的发展，新产业吸引新的流量入口与渠道，形成流量融合。这个过程成功的关键是政府逐渐进入常态化管理阶段，通过政策制定与市场秩序规范，促进流量经济的有序发展。政府的参与管理对淄博流量经济的持续繁荣起到了至关重要的作用。重点关注资源整合，促进烧烤产业与其他流量经济产业的有机结合，形成良性循环，共同推动淄博流量经济的融合发展，形成流量经济互生、共生、再生的流量经济生态。

表1 淄博烧烤流量经济发展阶段与特征

时间点	标志事件	流量特征	政府治理	商家经营
初期形成阶段：供需均衡增长市场、政府引导扶持治理				
3月1-6日	相约淄博、烧烤兴起	流量形成	因势利导、积极善为	企业关注、注重宣传
3月6-10日	政府引导、媒体曝光	流量集聚	引流分流、总结经验	扩大规模、诚信经营
中期暴增阶段：供给不足火爆市场、政府柔性监管治理				
4月中旬-月底	官媒报道、全国传播	流量暴增	规范市场、提升服务	自由竞争、资本介入
5月1日	政府关切、全面管理	流量裂变	柔性监管，保障安全	多元经营、多元投资
稳定增长阶段：供需平衡稳定市场、政府常态管理治理				
"五一"节后	总结治理经验	流量扩散	降温稳定、常态管理	注重创新、规范经营
当前	建设"五个淄博"①	流量融合	全面提升、标准规范	标准化、产品化

① 中共淄博市委十三届四次全体会议审议通过了《中共淄博市委关于聚力打造"五个淄博"进一步推进文明建设的实施意见》，"五个淄博"分别为服务淄博、诚信淄博、志愿淄博、劳动淄博、文化淄博。

三、淄博流量经济效应及动力机制

"淄博烧烤"火爆引发的流量经济提升了淄博的城市价值。其城市经济多样化发展价值、深度挖掘与传播文化价值、社会认同信任价值等多方面的城市价值得到有效提升。

首先，流量经济促进淄博城市经济价值的多样化发展。淄博烧烤产业的火爆吸引大量游客和消费者，形成庞大的消费链条，带动相关产业的发展，如食品供应、餐饮业、旅游服务和交通等，为城市带来可观的经济收益和稳定的就业机会。问卷调查结果显示，消费者认为淄博烧烤对促进淄博旅游业发展和为淄博经济发展带来新活力的分别占比约为 84.42%、80.52% 和 48.92%。

其次，流量经济促进淄博城市文化价值的深度挖掘与传播。烧烤火爆推动了淄博特色文化的传承和发展。游客在品尝当地美食的同时了解淄博的历史文化和民俗风情，烧烤产业也成了淄博的一张文化名片，加深了公众对淄博的认知和记忆，引起流量人群对淄博文化的深度挖掘。

再次，流量经济引发淄博社会价值的社会认同。淄博流量经济增加了社交活动的机会，加强了居民的社交联系，促进了社区和邻里之间的感情，同时吸引了各类商家和创业者前来投资，为城市带来新的商业机遇和发展动力。

最后，流量经济引发淄博城市形象价值的提升与外部交流。流量经济使得淄博在国内外获得较高的知名度和美誉度。一方面，媒体的广泛报道将"淄博烧烤"推上风口浪尖，有效提高了淄博城市的知名度。另一方面，游客品味烧烤的同时也体验淄博的历史文化，为淄博这座老工业城市的新城市形象赋予独特内涵。淄博烧烤产业通过流量经济为自身打造了良好的品牌形象，增强了消费者的忠诚度，彰显了竞争优势。与此同时，淄博烧烤产业火爆出圈为城市形象与知名度的提升注入了新活力。政府的治理在这个过程中起到了重要作用，政府通过服务环境治理、产业生态治理、城市综合治理，并根据淄博烧烤发展的各不同阶段，引导正能量详细宣传与传播、加大服务品质提升力度，促进淄博烧烤业与流量经济的融合，为城市形象与知名度的不断提升做出更大贡献。

"淄博烧烤"成功演化为多层次经济的过程，从表面上看似乎是一种偶然，实际其发展过程存在着合理的逻辑模式，"淄博现象"说明市场机会、城市吸引力、消费者行为、投资流量、数字营销、城市规划等因素在城市流量经济发展中的相互作用与相互影响。淄博流量经济的成功主要包含了五个层面的要素，即作为火爆基因的历史、文化和人文资源，作为火爆基础的社会、经济和生态环境，作为火爆助推力的网红、平台和消费网络，作为火爆支撑的政府、居民和企业的通力合作，以及作为火爆保障的顺势、利导和善为的公共政策。

1. 火爆基因：历史、文化和人文资源

淄博城市的历史、文化和人文基础增强了淄博城市的知名度，城市知名度形成流量经济流量的吸引力，促成了流量经济流量的增加。淄博作为一个拥有悠久历史和丰富文化底蕴的城市，拥有独特的城市魅力。这种魅力不仅体现在其齐古都文化、足球文化、聊斋文化、陶琉文化、鲁商文化、爱情文化的交相辉映，还包括了城市的自然风光和当地人的热情好客。

淄博烧烤成功的"灵魂"包括：小烤炉，保留烟火味道并改善口感；蘸料，反映古代调和五味的烹饪理念；葱和小饼，传承了山东大葱的文化元素。这三个元素彰显了齐文化的传承，强调了古代人们对食物温热度和口感的追求。淄博烧烤不仅仅是味觉享受，更是文化传承的一部分，体现了齐国"人本民本"思想。[①] 淄博烧烤成功火爆出圈，展示了历史和文化在美食中的奇妙融合，传承了古老的人文精神。

2. 火爆基础：社会、经济和生态环境

---

① 尹北直."以人为本"：理论自信的生动体现——基于建设文化强国战略的思考 [J]. 前沿，2014(Z4)：22-25.

淄博的独特社会、经济、生态环境使得淄博成为消费水平提升和休闲娱乐需求增长的热门城市，为烧烤持续火爆提供了良好的市场空间基础。

从社会方面看，淄博烧烤热反映了现代社交、消费、文化和社会控制因素的综合影响。淄博年轻人通过烧烤社交满足社交需求，展示消费观念，传承当地文化仪式，体现一个社会消费习惯。调研显示，分别有 89.61% 和 63.64% 的消费者是因"朋友聚会"和"家庭聚餐"这种社会需求而选择淄博烧烤。这一现象反映了社会的多元化和文化演进，理解这些因素有助于更好地解释和管理烧烤文化的兴起。

从经济方面看，淄博是一座北方老工业城市，是资源枯竭城市、独立工矿区、老工业基地三种典型的城市，这类城市具有适合地摊经济、夜经济的较好的空置厂房、便民集市、废旧场地及可扩充的停车场地等独特空间条件，以及经济转型形成较多的转型投资资金、熟练工匠人员。另外，淄博优质专用粮、蔬菜、水果、桑蚕、畜牧、淡水养殖等生产基地也为淄博烧烤提供了更为丰富、良好的烧烤食材。调研发现，像临淄大院、牧羊村、八大局便民服务市场、明清街大厂房等就是典型代表，传统经济为烧烤经济腾出了笼，物流港基地为海月龙宫夜建设提供了基础。

从生态方面看，淄博拥有沂河等 78 条河流、马踏湖等 4 个湖泊及泉群，丰富的自然生态为淄博形成"烧烤＋自然生态旅游体验"等流量经济的融合形成持续发展的自然生态基础。

3. 火爆助推：网红、平台和消费网络

流量时代，网红在推动淄博流量经济方面发挥了重要作用。[①] 网红通过社交媒体平台为淄博的烧烤业带来了广泛的曝光，吸引了更多消费者前来品尝，从而促进烧烤产业的流量增长。其次，网红给淄博旅游业和文化产业发展提供了助推力量，网红通过在旅游景点拍摄照片和视频，吸引游客

---

① 张昕熠. 网红经济产业链发展业态探析——以 MCN 机构为例 [J]. 视听，2019(10)：232-233.

前来参观，提高了景点的知名度和人气，同时传播淄博的文化遗产和传统，促进了文化产业的形成与发展。此外，网红经济还为淄博的烧烤业带来了更多的消费者和市场份额，创造商机。网红经济涵盖多个领域，丰富了淄博的流量经济，增强了淄博的综合竞争力和影响力。

4. 火爆支撑：政府、居民和企业同心

齐文化具有"开放包容、创新务实、尊贤尚功、重工崇商、立法并重"的内涵特质。政府、居民和企业的协同支持为淄博烧烤火爆出圈提供了有力支撑。

政府尊贤尚功、重工崇商、立法并重，以"政之所兴在顺民心，政之所废在逆民心"为根本，以企业发展所想，开拓流量渠道，以居民安居乐所想，增强城市设施建设。不断挖掘淄博的文化资源、旅游资源、城市服务设施资源，促进烧烤流量＋产业融合发展，提升城市形象和吸引力，提高市场和社会信心。

淄博烧烤产业紧跟疫情后消费休闲需求增长的大背景，企业发扬淄博齐商文化诚信至本、创新务实的精神，不断创新满足消费者对多样化美食和休闲体验的需求，企业通过产品创新和服务质量不断提升消费者的满意度和忠诚度。

淄博烧烤的火爆给城市带来巨大的人流量，这给城市居民正常的生产和生活秩序造成各种新的干扰影响，但淄博居民的开放包容、牺牲自我、热情包容以及对烧烤产业的支持为淄博烧烤持续火爆提供了重要的社会面支撑。他们不仅热情地欢迎游客，还乐于提供帮助和建议，增强了消费者对淄博的好感和信任，彰显了淄博城市的包容度。这种亲切的态度使游客倍感温暖，愿意再次光顾淄博，从而强化了城市流量经济的流量粘滞力。

5. 火爆保障：顺势、利导和善为政策

与其他城市一样，流量洪峰会给城市各方带来难以想象的新麻烦与新挑战，淄博之所以能顺利、安全、满意地度过洪峰，并在关键时刻朝着正确方向发展，还得益于政府顺势而为、因势利导和积极善为的发展策略。政府有效地处理有为与无为、刚性与柔性、大与小的行政行为关系与矛盾。[①] 政府积极利用小烤炉成就大烤院；小程序实现大引导；小创新引发大机遇；小网格赋能大管理；小让利实现大诚信；小培训实现大沟通；小监管支撑大保障。

另外，政府通过制定系列政策和措施，为烧烤产业的健康发展提供了方向。这包括支持和鼓励创新，提高产品质量，以及规范产业的经营行为。这些政策为企业提供了明确的发展路径，激励了他们投入更多的精力和资源来提升竞争力。政府采取柔性治理手段，适应产业的发展需要。烧烤产业是一个快速发展和不断变化的领域，因此需要灵活的监管措施。政府与业界合作，建立了有效的监管框架，以确保市场秩序和消费者权益得到维护。这种柔性治理方式允许政府在必要时采取措施，同时也给企业提供了成长的空间。政府全力以赴为流量经济价值护航：商务局搭建流量经济价值平台舞台；宣传部指挥流量流速；文旅局创建分流渠道；交通局延伸流量输送管道；市场局设计流量流动秩序；公安局为流量顺利流动保驾护航；发改局搭建流量蓄水池；工信局实现流量流速检测。

四、淄博流量经济未来发展建议

流量经济是一个复杂的经济生态系统[②]，城市的历史、文化和人文资源，城市社会、经济和生态环境，网红、平台与消费网络，政府、居民、企业的同心合作，以及政府顺势、利导和善为政策，形成一股合力，推动了淄博流量经济的发展。从动力经济学视角看，流量经济的发展离不开吸引力（引导力）、粘滞力、融入力三个经济力的相互作用形成。城市知名度决定的吸引力形成流量经济流入量，即流量；城市满意度决定的粘滞力形成流量经济循环流量，即留量；城市包容度决定的融入力形成流量经济溢出流量，

---

① 王宝明.依法化解社会矛盾的政策建议 [J].中国行政管理，2007(02)：34-37.
② 白永平，王培安.浙江省流量经济集聚扩散效应研究 [J].南京审计学院学报，2012,9(03)：1-8.

即存量。调研表明，淄博流量经济的发展动力由品牌与特色、网红经济、用户流量、优质内容、互联网技术、社交媒体平台和精准营销等多个元素相互作用构成。淄博烧烤之所以引发流量爆红，原因归结为文化品牌与商家诚信形成的吸引力、网红追捧与网红经济加持、政府引导与有效治理产生的引导力、居民热情与包容奠定的融入力、多元化消费和就业机会等多元因素形成的粘滞力（见图2）。

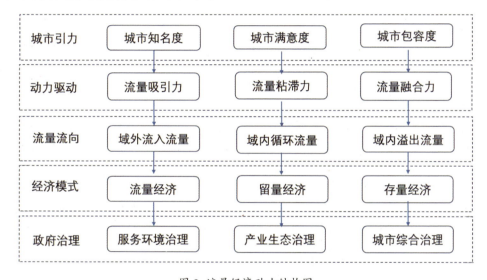

图 2 流量经济动力结构图

然而，流量具有时效性，"花无百日红"是互联网时代"网红城市"更新迭代的真实写照。如何最大限度地发挥流量经济在城市经济社会发展中的积极效应，融合流量经济为城市发展服务？

（一）流量裂变效应的运用与优化

要进一步优化淄博流量经济并实现持续发展，流量裂变效应是关键策略。流量裂变是指通过激励用户主动传播、分享和推荐，将现有用户扩散成更多潜在用户，从而实现流量的指数级增长。在淄博烧烤产业和流量经济的融合发展中，可以通过以下方面进一步运用和优化流量裂变效应，推动淄博流量经济的发展。

1.增强烧烤品牌核心竞争力，增强消费者口碑传播

深入挖掘淄博烧烤产业的特色和优势，提升烧烤品质和服务水平，确保消费者获得良好的体验。高品质的烧烤产品和服务将激发用户的口碑传播和分享，引发流量裂变效应。注重用户口碑的传播和建设，用户满意度和忠诚度将促使其主动向其他人推荐，形成口碑传播。同时，打造具有地方特色的烧烤品牌，增强品牌辨识度，吸引更多用户参与和传播。

2.社交媒体推广与网红营销，实现联动营销与合作供应

与知名网红、KOL 等合作，借助他们的影响力和粉丝群体，进行烧烤品牌的宣传和推广。同时，积极运用社交媒体平台，开展有趣、吸引人的内容营销，吸引用户参与和分享，形成裂变效应。打造具有互动性和趣味性的烧烤体验项目，如 DIY 烧烤、烧烤比赛等，激发用户的参与和分享欲望。同时，设置奖励机制，给予用户参与和分享的奖励，进一步推动流量裂变。

实现联动营销与合作共赢，与其他产业进行联动合作，如旅游景点、文化活动、体验项目等。通过共同举办活动，跨界推广，实现多产业的互相促进，增加用户的消费选择，推动流量裂变效应的扩展。

3.引入新技术与创新，增强数字化水平

借助新技术和创新手段，开展线上订购、外卖服务，进行精准营销与数据分析等，增加用户的便利性和体验感，提高用户黏性，促进流量裂变效应。利用大数据和用户行为分析，了解用户喜好和需求，进行精准营销和个性化推荐，提高用户参与和传播的积极性，推动裂变效应。

通过综合应用以上策略，淄博流量经济将进一步扩大用户规模，提高用户参与度，实现用户的传播和裂变，推动淄博流量经济的进一步发展。流量裂变效应将成为推动淄博流量经济持续繁荣的重要力量，为淄博城市经济的发展做出贡献。同时，随着流量裂变效应的不断扩大，淄博城市其他产业也将得到促进和协同发展，推动淄博现象的进一步演进。

（二）城市流量经济的融合与协同发展

政府的引导与支持、产业联盟的合作与联动、多样化主题活动、基础设施的改善、资源整合与优势互补、人才培养与技能提升、品质与创新的重视以及市场竞争力的增强，将共同推动淄博城市经济的繁荣和流量经济的持续发展。

1. 加强政策引支持奖励，引导流量经济融合

建议政府系统研究、系统分析，出台相关政策，鼓励烧烤产业与其他产业合作，通过奖励措施激励合作伙伴共同开发新产品和新服务，提升市场竞争力，开拓多元化流量入口与流量渠道，增加流量经济流量。同时，出台政策鼓励建立产业联盟，创建烧烤产业与其他产业的联盟组织，促进产业之间的合作和交流，形成不同产业流量的共享。通过联盟组织共同开展宣传推广活动，提高品牌知名度，吸引更多消费者和游客，形成不同流量经济的协同发展。

2. 举办多样化主题活动，积极发展网红经济

系统规划，引导组织，定期举办文化、旅游、美食等主题活动，将烧烤产业融入其中。例如，在旅游景点举办烧烤美食节，吸引游客品尝烧烤美食，同时了解淄博的历史文化。通过举办多样化主体活动，积极打造网红经济，将其与流量经济融合发展，通过网红美食文化吸引与积累社交媒体上的粉丝和关注度。利用网红为淄博烧烤业带来更多曝光和宣传机会，推动淄博的流量经济向多方面发展。问卷调研显示，54.65%商户建议举办淄博城市美食节、48.97%建议举办大型烧烤啤酒节、40.74%建议举办大型烧烤食材用具展会、34.65%建议举办大型烧烤技能比赛表演，同时也有许多商户建议举办大型烧烤直播大赛、淄博城市文化艺术节等活动，提升淄博流量经济和网红经济发展。

3. 资源整合与优势互补，提升流量共享融合能力

流量时代，流量已经成为城市发现价值、挖掘价值、创造价值和实现价值的重要资源，同时通过资源整合、流量共享与融合提升成为一个重要

途径。流量共享产生流量经济范围经济效应、流量融合产生流量经济规模经济效应。淄博烧烤流量资源与其他相关产业资源的整合是推进多层次流量经济发展的基础。通过资源共享实现流量共享与融合，针对旅游体验流量与烧烤消费流量融合，烧烤产业与旅游景区合作，在景区附近设置旅游体验烧烤摊位，吸引游客前来消费，形成"旅游＋烧烤"流量新入口。同时与文化、娱乐等产业合作，举办创意活动，提供多元化消费体验，形成"文化＋烧烤""娱乐＋烧烤"等流量新入口，实现流量的共享、融合，促进多层次流量经济发展。

4.加强市场调研，提升品质与创新

市场调研和行业创新是促进淄博烧烤产业与流量经济融合与协同发展的关键策略。通过紧密关注市场，淄博烧烤产业可以在竞争激烈的市场中脱颖而出，为城市流量经济注入新的活力，实现双赢。

加强市场调研是促进城市流量经济的融合与协同发展至关重要的一环。通过深入了解消费者需求和市场变化，淄博烧烤产业可以更好地满足市场的期望，实现持续增长。此外，与其他产业的合作也能够为烧烤产业拓展新的销售渠道，提高市场竞争力，加速流量经济发展。

不断提升淄博烧烤产业产品品质和行业创新能力是实现流量融合发展目标的重要环节。这包括开发具有地方特色的美食和文化产品，将淄博的独特魅力融入烧烤体验中。不断提高产品品质，满足多样化的消费需求，才能吸引更多消费者的关注和喜爱。

（三）城市经济价值提升与优化

1.加强经济基础设施建设，提升城市流量吸引力

淄博作为具有悠久历史和丰富文化的城市，其烧烤产业火爆引发了城市流量经济的蓬勃发展。要进一步提升城市吸引力，必须加强公共基础设施建设。改善交通网络是关键，投入建设高速公路和快速道路，缓解交通压力，方便游客和市民出行。提升旅游设施也至关重要，优化景区和旅游

景点的配套设施，提供更好的游览体验。同时，丰富休闲娱乐设施，发展文化创意产业，建设公园和广场，提供更多休闲选择，增加城市的人气和吸引力。这些措施将为淄博提供更舒适便捷的生活和旅游环境，吸引更多的人流，推动城市流量经济持续蓬勃发展。

2. 发展流量经济数字经济支撑，提高流量经济服务质量与效率

数字经济是淄博现代城市经济发展的关键方向，通过数字化转型，可提高服务质量与效率，进一步推动城市流量经济的提升。首先，发展电子商务，支持烧烤产业和相关产业进军线上市场，推广淄博烧烤美食和特色产品，实现更大范围的营销和销售。其次，推动"互联网+"服务，提供智能化、个性化服务，让消费者在线预订座位、点餐，通过大数据分析满足消费者需求。再次，应用人工智能技术，引入导游机器人提供导览和咨询服务，使用智能点餐系统提高效率。通过数字经济的应用，淄博能提高服务水平，吸引更多游客和消费者，推动城市流量经济的不断提升。

3. 加强城市运营与营销，扩大流量经济规模

加强城市运营与营销是提升淄博城市流量经济的重要途径。创新城市运营与营销方式能吸引更多游客和消费者前来淄博消费，持续扩大城市流量经济流量规模。首先，采用网红营销，通过社交媒体平台展示淄博烧烤的特色和魅力，邀请知名网红拍摄短视频宣传淄博烧烤，扩大知名度和影响力。其次，举办文化旅游节庆活动，如烧烤文化节，吸引游客参与，展示淄博独特的烧烤文化和美食，增加消费欲望。再次，与旅行社合作，将淄博烧烤纳入旅游线路，推广美食和文化，吸引更多游客消费。这些创新的营销手段能够提高淄博的知名度和吸引力，助力城市流量经济的增长。

4. 推进城市人才战略，提升经济服务水平与品质

数字经济是流量时代现代城市经济发展的重要方向，通过数字化转型，淄博可以提高服务质量与效率，进一步推动城市流量经济的提升。发展电子商务、推动"互联网+"服务以及应用人工智能技术，是提升服务质量和

吸引游客的有效手段。加强电子营销手段也是提升城市流量经济的重要途径。通过创新营销方式，如网红营销、举办文化旅游节庆以及与旅行社合作，淄博可以吸引更多游客和消费者前来淄博消费，推动城市流量经济的增长。而专业人才的培养更是城市流量经济发展的重要支撑。培训烧烤技术人才、服务人才以及引进相关专业人才，将为提升服务质量、品质和增加消费者满意度与忠诚度提供有力保障。

五、结语

淄博的烧烤产业引发的流量经济对城市发展产生了深远的影响。首先，它为城市的消费经济增长潜力奠定了坚实基础，通过烧烤产业的良性发展，促进淄博城市产业转型升级，提高城市第三产业就业机会，促进第三产业发展，为淄博的经济高质量发展与提升城市消费能力提供了重要动力。其次，通过流量经济，淄博品牌在全国范围内传播，网红宣传和社交媒体广泛传播，提高了城市的知名度和美誉度。再次，淄博的烧烤产业成为吸引游客和消费者的热门目的地，各类文化节庆和体验项目吸引了越来越多的人前来，进而促进了其他产业的发展，提升了城市的吸引力。同时，烧烤流量经济也赋予了淄博更加多元化和鲜明的城市形象。不仅推动了烧烤产业的蓬勃发展，还催生了其他相关产业的兴起，如餐饮、文化、旅游等，从而推动了城市经济的多元化发展，增强了淄博的综合竞争力和影响力。最后，通过烧烤流量经济，淄博的传统特色文化得到更好的传承和发展，有助于传承和弘扬淄博的历史文化传统。淄博烧烤产业的成功经验也为其他城市在流量经济发展上提供了借鉴和启示。

淄博烧烤引起的流量经济对城市发展有着重要意义。未来发展方向包括持续推进烧烤文化传承、创新发展烧烤产业、加强数字化营销、发展烧烤文化旅游以及推动流量经济与其他产业融合。建议政府拓展烧烤产业链条、加强基础设施建设、强化数字技术支撑、加强城市运营质量以及推进城市人才战略。同时，培育流量经济项目、提升城市吸引力、提高行业服务品质、扩大流量经济规模以及提供人才资源支撑。淄博烧烤产业作为吸引流量经济的核心，应在弘扬淄博特色烧烤文化、传承创新传统技艺、保持地方特色和独特魅力的基础之上，随着消费者需求的变化，不断与时俱进地创新烧烤产品，推出新的特色产品和服务，满足不同消费群体的需求，增加消费体验的多样性。随着数字经济的发展，淄博的烧烤产业应加强数字化营销，利用互联网和社交媒体平台提升在线曝光度和影响力，吸引更多游客和消费者了解和体验烧烤文化。淄博烧烤文化与旅游业的结合具有巨大发展潜力，淄博可以打造烧烤文化旅游项目，吸引游客前来体验烧烤文化，同时带动其他旅游产业的发展。

淄博的烧烤产业应与其他产业进行更深入的合作与融合，形成更广泛的多层次流量经济。政府可以制定相应政策，鼓励和支持烧烤产业的发展和创新，提供相关的扶持和资源整合，推动流量经济的有序发展。同时，加强烧烤产业从业人员的培训，增强他们的专业技能和服务意识，确保消费者体验的持续提升。

在推动淄博烧烤产业和流量经济发展的过程中，政府和相关产业需要密切合作，保障食品安全，创新营销手段，提升公共基础设施，共同实现城市经济的持续繁荣。淄博烧烤产业将持续为城市发展注入新的活力与动力，为淄博的经济增长、知名度提升和城市形象塑造做出更多贡献。

厚积薄发，逆势突围
——从文旅深度融合视角看"淄博现象"

许峰 詹崔婧 苏雯琳 *

摘要：文旅深度融合是当前和今后一个时期文化和旅游事业发展的重点工作。淄博作为非传统旅游城市，多年来厚积薄发，创新发展文化和旅游产业，响应习近平总书记推进文化和旅游深度融合发展的战略思想，凭借烧烤流量火爆出圈，一跃成为新晋网红旅游城市。本篇调研报告聚焦淄博市在推进文旅深度融合方面的实践经验，梳理了淄博市在文旅深度融合方面的基本情况与主要做法，从场景、产品、服务、品牌、传播等五个方面出发总结了淄博市文旅深度融合的基本经验，并根据当前淄博市文旅产业发展现状，从目的地可持续发展角度为文旅深度融合提出相关建议。

关键词：淄博烧烤 文旅融合 目的地管理 可持续发展

* 许峰，山东大学管理学院教授，研究方向为目的地营销与品牌化建设；詹崔婧，山东大学管理学院博士研究生；苏雯琳，山东大学管理学院硕士研究生。

自 2018 年 3 月文化和旅游部组建以来，我国文旅融合实践经历了"文""旅"简单相加的基础融合阶段和"文""旅"互相促进的改良融合阶段。党的二十大报告强调坚持以文塑旅、以旅彰文，推进文化和旅游深度融合发展的目标要求。在"融合"之前增加"深度"二字，意味着文旅融合将进入以文化和旅游有机结合、互促互进、高质量发展为特征的蝶变阶段。站在文旅深度融合发展的拐点，如何使"诗"和"远方"更好地联结，使文化和旅游"融"得自然、"合"得协调，成为新时代文旅融合亟待破解的问题。

淄博并非传统的旅游城市，作为全国唯一涵盖资源枯竭城市、独立工矿区、老工业基地三种类型的城市，淄博曾经受到产业结构重、发展层次低、环境质量差等困扰。多年来，淄博市围绕推动城市转型升级、发展绿色低碳经济高质量发展、创新发展文化和旅游产业，认真贯彻习近平总书记推进文化和旅游深度融合发展的重要指示和精神，将区域内丰富的自然文化资源与市场需求紧密结合，打造有文化底蕴的文旅产品。2023 年 3 月初以来，"淄博烧烤"火爆出圈，相关话题在网络上热度飙升，淄博市游客数量剧增。淄博旅游的热度最初来源于烤炉、小饼、蘸料三件套的烧烤，却并未局限于此，淄博市有关部门积极拓展生活化旅游场景，深化城市故事挖掘，有效提振了当地文旅消费，有力推动了文旅市场的内容创造，营造了具有借鉴意义和推广价值的文旅深度融合场景，将城市的历史文化积淀转化为流量背后的底气，成为助推淄博持续走红的动力，也探索出了一条推进文旅深度融合的高效路径。

一、基本情况

（一）以文塑旅，擦亮城市新名片

自 2023 年 3 月淄博烧烤爆火以来，游客对于淄博的认知由浅入深，经历了"烟火淄博""诚信淄博""文化淄博"三个阶段。淄博是齐国故都，也是齐文化的发祥地，历史文化底蕴深厚，现有市级以上重点文物保护单位 506 处，其中，国家级 18 处；非物质文化遗产 235 项，其中，国家级 13 项；有影响的历史人物 210 多位，名人名篇名著颇多，民俗风情多姿多彩，宝贵的文化资源赋予了淄博旅游业更为深刻的文化内涵。

"人间烟火气，最抚凡人心"——烟火淄博。起初，淄博凭借烧烤的浓浓"烟火气"火出了圈。在"小饼卷万物""烧烤灵魂三件套"的背后，是淄博悠久的历史底蕴。临淄赵家徐姚遗址中，曾发现过大量烧烤过的野鸡骨头、鹿骨头。《战国策·魏策二》中更是有易牙为齐桓公做烧烤食物的详细记载。凭借烧烤爆火之后，淄博人民拿出了最大的诚意、热情和善良，对待"进淄赶烤"的外地游客，尽己所能地帮助游客，使人们充分体会到市井长巷的盛景。在这"袅袅烟火气"的背后，则是开放包容的文化沿革。淄博是古时稷下学宫所在地，演绎了百家争鸣、百花齐放的盛况，是齐鲁文化交流互融的荟萃之地。如今的淄博既体现出齐文化中"因俗简礼"的开放包容精神，又具备了鲁文化中"有朋自远方来，不亦乐乎"的待客之道，其背后的文化积淀，共同造就了此番盛景。

"诚之所感，触处皆通"——诚信淄博。淄博走红网络一个月后，"诚信经营""真诚待客"开始让流量在淄博生根，并逐渐发酵为更高的热度。诚信是齐文化的精髓，经过几千年的传承和积淀，诚信文化在这片土地上"蔚然成风"。近年来，淄博市把"诚信淄博"建设纳入市委、市政府"一号改革工程"，不断完善体制机制，夯实信用平台建设基础，先后制定了《关于进一步推进社会信用体系建设的实施意见》和《淄博市"十四五"社会信用体系建设规划》等相关制度和文件，并于 2022 年创建为山东省社会信用体系建设典型城市，为淄博爆火出圈打下了稳固的基础。2023年4月，网红“B太”突袭淄博，到访10家店铺，均未发现缺斤少两的情况，被淄博诚信的商业环境和风土人情所震撼。这进一步奠定了“诚信淄博”在游客心目中的口碑形象。行行讲诚信、人人重信用的文化氛围更是激励着淄博群众和相关部门用“诚意”说话，为淄博的荣誉而战，为维护淄博的良好形象而努力，使得“诚信经营”成为淄博吸引游客的金字招牌。

“万卷山水画，千年陶琉史”——文化淄博。习近平总书记提出要让更多文物和文化遗产活起来，营造传承中华文明的浓厚社会氛围。[①]跨过味觉和视觉的满足，淄博抓准契机，继烤炉、小饼、蘸料的烧烤灵魂“三件套”后推出了陶瓷、琉璃、丝绸织巾的文化灵魂“三件套”。淄博陶瓷源远流长，以优良的质地、奇幻的釉色和巧妙的装饰铸就了“淄博陶瓷·当代国窑”品牌；淄博琉璃生产的历史则能追溯至汉代，明清时期淄博更是成为我国玻璃制造的中心；淄博丝绸在春秋战国时期就以“冠带衣履天下”著称，是我国丝绸工业的发源地之一。2023年“五一”小长假期间，淄博陶瓷琉璃博物馆成为淄博市主要的旅游吸引物之一，累计接待游客7.82万人，让传统精粹从历史中走出来，向各地游客呈现淄博的陶琉之美，使得游客对于淄博的认知在优秀传统文化的积蕴中得以延伸，展现出淄博厚重的文化特质与“强富美优”的城市愿景。

（二）以旅彰文，激发文化新活力

央居齐鲁，襟连海岱，三千年泱泱齐风，八百载海内名都，淄博作为齐国故都，具备深厚的文化底蕴。在淄博烧烤走红之前，淄博市文化和旅游部门已经蓄力多年，坚持文化赋能，深度挖掘齐文化资源并进行旅游转化，擦亮“齐文化”品牌，多措并举提升文化旅游品质。本次烧烤爆火发生后，淄博市文旅局积极引导游客，在品尝烧烤之余，走进文化旅游景点，

---

① 习近平在中共中央政治局第三十九次集体学习时强调 把中国文明历史研究引向深入 推动增强历史自觉坚定文化自信，新华社，2022-05-28。

通过旅游提升大众对于齐文化的认知，让地方历史和文化真正"看得见""摸得着""传得出""带得走"。

线路设计突出文化内涵。淄博市高度重视"继承与发展""供给与需求""繁荣与监管"之间的关系，摸清文化和旅游市场的发展规律，在淄博烧烤爆火后，有关部门对于网络热点现象进行了积极正面的引导，将"线上流量"成功转化为"线下留量"。2023年2月，淄博市组织开展了文旅"百千万"活动：邀请百名网络达人宣传淄博；策划千家旅行社走进淄博，让人们读懂淄博、爱上淄博；组织万名中小学生体验研学游，打造"稷下学宫"游学地标品牌，使淄博的研学游辨识度稳步提升。海岱楼钟书阁作为"书香淄博"建设的标志性地点，融合齐国古都、陶瓷琉璃、天然溶洞等诸多淄博元素，是淄博的新型公共文化空间之一，2022年"十一"假期开放以来，被纳入淄博市文化旅游精品线路。在"淄博烧烤"走红之后，海岱楼钟书阁的人流量呈几何级增长。

活动策划彰显文化底蕴。淄博烧烤爆火后，淄博市文旅局带领10个区县和多家热门景区代表，登上"烧烤游"周末专线G9321次列车，以"一区县一车厢"的形式，为旅客讲解淄博旅游特色、推介惠民政策。"淄博文旅走进'高铁专列'推介活动"成为扩大文旅宣传力度、拉动文旅市场消费的新样板。与此同时，淄博市设计推出以"青春淄博·烧烤季"为主题的一日游、两日游线路，在各大景区开辟特色烧烤区域，以"售卖+DIY"相结合的模式策划主题活动，并积极策划"淄博烧烤"以外的研学旅游产品，抢抓露营旅游发展机遇，推出优质文旅产品，满足游客多样化需求。今年淄博市开始建设"1+2+N"智慧文旅体系，将文化和旅游优势资源向数字文旅平台聚集，打造管理、服务、运营三位一体的智慧化平台，确保"淄博烧烤"热度不减、效应持续。

产品展销传递文化符号。随着淄博烧烤的走红，游客被吸引到淄博，对淄博的地域文化和特色产品有了更为深入的了解，更多的淄博好物被游客所挖掘、发现。"进淄赶烤"逐渐衍生出了"进淄挖宝"。无论是陶瓷、琉璃、丝绸等文化产品，还是炒锅饼、紫米糕等特色美食，或是服饰、亲子教育、家居用品，都随着旅游的爆火逐渐进入公众视野。淄博市以文化"两创"为引领，以新创意、新工艺、新技术、新模式，赋能陶瓷制造业、琉璃制造业以及丝织业，推动传统产业加速向文化创意产业蝶变升级，并通过主办"淄博好品进万家·齐品好物文创行"活动，联合抖音电商举办"抖 in 域见好货·淄博好物季"等活动，向外展销淄博的文化创意产品，打造更为生动、立体的淄博产业带版图，通过展销淄博当地的源头好物，带动当地产业升级，向外打出淄博的文化符号。

（三）深度融合，拓展互动新场景

随着文旅融合步入深度发展阶段，旅游业也经历了从"无风景不观光"到"无场景不休闲"的转变。长久以来，景区作为旅游活动的典型空间和经典业态，承载着国民大众对"诗与远方"的美好畅想。然而，随着游客对于旅游产品体验深化的需求不断增强，未来传统景区要强化场景营造和内容创造，旅游目的地则要加强文化引领和科技赋能。淄博作为非传统旅游城市，本次爆火出圈恰恰印证了游客群体对于沉浸式休闲场景的追求。热气腾腾的炭火烤炉、滋啦作响的美味烤肉、熙熙攘攘的人群夜景，使得外地游客在淄博能够收获满满的互动仪式感，满足人们对于烟火气息和生活图景的向往与希冀。

领略风土民情，体味本地文化——八大局便民服务市场。《舌尖上的中国》导演陈晓卿曾说，了解一座城市最直接的地方，就是当地的菜市场。菜市场兼具物理空间、社交空间、经济交换空间等属性，商贩聚集，满足周边本地居民的需求，各色食物的背后是当地人祖祖辈辈积淀下来的饮食文化。因此，菜市场是一座城市风土民情的集散地，也是游客观察本地文化最直观的样本。在西班牙，巴塞罗那的博盖利亚菜市场凭借精美的果蔬摆台、现代主义风格的建筑设计、琳琅满目的本地美食以及接地气的价格，成为游客们的必游之地。八大局便民服务市场则在此次淄博爆火中，成为我国首个吸引众多游客光顾游览的菜市场，被称为是中国第一个"5A 级"菜市场。在这里，游客与本地居民的活动空间出现交集，因此，在为游客带来更为直观的本地文化体验的同时，也实现了主客互动的增强。

共赴美食盛会，共飨文化盛宴——海月龙宫烧烤体验地。为发扬山东礼乐文化，让淄博烧烤的盛宴延续，使每一位游客切实感受到淄博的风土人情，在淄博市委、市政府领导下，经公安、消防、市场监管等各部门积极合作协调，海月龙宫烧烤体验地自 2023 年 4 月 27 日起试营业，为游客提供了可容纳两万人的烧烤体验场所。海月龙宫不仅聚集了淄博各大知名烧烤品牌，还打造了由 450 余家本土供应链品牌组成的物流园，为游客提供满满的淄博风味。与此同时，将美食与文化相融合，举办大型文化艺术活动，紧紧围绕以文塑旅、以旅彰文的大融合思想，致力于打造主客共享的文化群落，营造人人共享文化盛宴的公共文化新场景，让群众文化走进"网红打卡地"，方便外地游客在品尝美食的同时，了解淄博群众文化风采。五音戏《拐磨子》、舞剧《大染坊》等淄博优秀传统文化在此彰显，并重点结合了非遗文化市集、城市旅游推介、城市好品推介三大文化消费场景，将文化阵地延伸到海月龙宫烧烤体验地。

打破边界桎梏，领略城中美景——全域公园城市。淄博是典型的组群式城市，城乡交错，南山北水，布局舒展，具备丰富的"山水林田湖草"等生态资源，齐文化、孝文化、商埠文化等文化资源，爱绿护绿氛围深厚的社会资源，以及郊野乡村面积广阔的区域资源。无论是自然禀赋还是社会基础，都非常适合打造城乡一体的全域公园城市。2019 年 12 月，淄博市委提出了"打造公园城市、主城提质增容、全域融合统筹、交通快速通达"的城市规划建设工作思路。2020 年 1 月，淄博市政府提出"高水平编制全域公园城市建设规划"的任务，成为国内继成都之后，提出全面建设公园城市的第二个城市。近年来，淄博按下全域公园城市建设"加速键"，不断完善基础设施，着力加强园林绿化美化，努力把一座座公园提升建成精品之作、经典之作。如今的淄博打破了传统意义上景区的空间桎梏，将美景布满城市各个角落，"网红打卡地"人气爆棚，推窗见绿、出门见景，让人心旷神怡；精致如画的口袋公园、大气磅礴的湿地公园，各式各样的树木苍翠挺拔，儿童乐园、休闲步道贯穿其中。生态品质的改善也使得淄博的城市吸引力逐步上升，城中处处是美景，为文旅融合高质量发展增添了一抹生态底色。

二、基本经验

文旅深度融合并不是文化和旅游的盲目对接和简单拼凑。当前，尽管各界围绕文旅融合发展的主题，在统筹文旅资源开发利用、扩大优质文旅产品供给、丰富文旅产业载体等方面已取得一定成效，文旅融合发展仍面临着一系列迫切需要解决的问题。融合发展纵深推进过程中"为融而融""融而不合"等问题依然突出，融合程度不深、应用场景受限等问题陆续浮现。淄博作为非传统旅游城市，一直以来在文旅市场上的知名度低、存在感弱。然而，淄博市多年来创新发展文化和旅游产业，将区域内丰富的自然文化资源与市场需求紧密结合，此次借助"烧烤"带来的流量契机，在供给侧方面，把社会主义核心价值观融入文旅产品供给全过程，建构文旅体验生活化场景，创新文旅融合创意与产品，推动文旅服务提档升级，提高文旅深度融合发展质量效益，强化本地文化的弘扬与文旅资源的推广。在需求侧方面，多措并举，提升文旅参与便利度，扩大文旅活动参与人群，引导扩大文旅消费，厚积薄发，逆势突围，形成现象级爆火的文旅 IP，也为全国非传统旅游目的地提供了可复制可推广的文化和旅游深度融合发展经验。

（一）打造"融"的场景：消弭边界，深度体验

旅游活动具有在地性，旅游的真实场景永远是生活，只有赋予了情境和烟火气的场景才能使游客生活化沉浸，才能做到文旅深度融合。淄博从三个维度出发，消弭传统意义上文旅体验的边界，打造深度融合场景，深

化游客的文旅体验。一是消弭传统意义上的感官体验边界，与传统意义上旅游景区带给游客的视觉体验相比，因烧烤爆火的淄博为天南地北的游客带来的是充斥着街头巷尾的味觉、嗅觉、视觉、听觉相结合的感官盛宴，使得游客全方位立体化体验质朴平实的小城生活场景，以及极具本地化特色的生活方式。二是消弭物理概念上的景区边界，观光看风景，休闲看场景，场景源于生活，生活在于体验，淄博市政府部门借爆火契机推动文化和旅游消费业态和公共服务功能融入各类商业设施、街区、社区，成功打造了有场景和氛围、有场域和情境、有人间烟火气、有沉浸式地方生活体验的城市文化生活街区。三是消弭目的地游客居民间的边界，游客涌入烧烤店、八大局便民服务市场、古商城，与本地居民面对面打交道，受到当地人的热情接待，得到当地人的热心帮助，打破了传统意义上旅游城市居民与游客之间的互动界限。淄博城中的好人、好景、好生活共同营造了体验式、沉浸式、互动式文旅深度融合消费新空间，成为体验经济时代休闲旅游的范本。

（二）创新"融"的产品：丰富供给，焕新模式

淄博市牢牢把握烧烤流量带来的热度，紧跟时代变化，发挥自身优势，满足游客不断增加的文化休闲需求，与此同时，借旅游热度，带动本地文化宣传，强化文化与旅游产品间的联结性。一是丰富文旅产品供给，关注美食文化，围绕"烧烤+旅游"，及时推出5大主题产品和10条主题线路，满足游客需求。此外，创新研学旅游，抢抓露营旅游发展机遇，推出更多优质文旅产品，满足游客的多样化需求。二是增加文旅活动供给，创新开展"文旅推荐官"活动，组织各区县文旅局和热门景区走进"文旅专列"，广泛宣传推介城市文旅资源。在游客集中的八大局便民服务市场举办"书画集市"，邀请艺术家支摊为游客现场作画题字，在品尝美食之余，为游客带来一场书画盛宴，既能为"书画局"持续吸引游客，又顺势渲染了淄博的城市文化。三是创新文旅活动模式，促进文旅业态联动，创意出新，

推出"烧烤＋音乐""烧烤＋非遗""烧烤＋露营"等主题活动及文艺演出 400 余场，丰富游客文化生活。此外，顺应流量，在新晋的网红景点海岱楼钟书阁策划"追光海岱楼·奇妙淄博夜"，每周六晚举办拆"文化盲盒"活动，将传统文化节目演出以开盲盒的方式惊喜呈现给居民和游客，吸引大众的兴趣，让更多人了解和认识淄博的文化。

（三）做好"融"的服务：乘势而上，主动作为

借烧烤走红后，淄博市政府相关部门乘势而上，主动作为，紧跟文旅深度融合的步伐，积极跟进文旅服务，将开放包容的城市文化体现在各项人性化服务措施当中，通过政府管理与对客服务展现城市文化内涵。一是优化对客服务，于细微处提升游客体验，淄博市政府部门用一周时间开发了"智慧淄博烧烤服务"小程序，内含各类旅游服务信息以及"您码上说·我马上办"入口。与此同时，发布烧烤地图，包括各大烧烤店的相关介绍、联系方式、导航路线等；增设交通线路，开通烧烤公交，设立"文旅专列"。二是做好监督管理，维护游客切身利益，对于烧烤价格、酒店价格采取严格的涨价幅度控制措施，严厉查处哄抬价格行为。此外，坚持以 24 小时回应为标尺，解决消费维权标准不高问题，对于游客的投诉，第一时间接诉、第一时间处理、第一时间回复结果，提高维权效率。三是动态研判流量，真诚待客传递善意，淄博市发布《致全市人民的一封信》，喊话"最美淄博人"，表示"最是一城好风景，半缘烟火半缘君"，倡议让利于客、让路于客、让景于客，团结市民以真诚的面貌、最好的状态，为了城市的荣誉，热心待客，既赢得了市民的理解，也赢得了游客的信任，促使各方共同维护来之不易的文旅目的地消费环境。

（四）打响"融"的品牌：多元协同，价值共创

淄博爆火得益于短视频流量的助力，然而，热度在数月内居高不下则需归功于淄博市政府、居民以及游客等多方协同的目的地品牌价值共创。淄博市通过网络搭建起供给端与需求端的对话语境，以内容为王、创意为先，

形成供需双方的价值共创，最终成功在短期内为淄博构建出独特的品牌形象。一是政府引导，树立正面的城市形象。淄博市政府的积极作为，抓住网络流量这个千载难逢的机会，从游客的立场出发，推出了一系列利好政策，紧贴游客需求，解决游客困难，营造了舒适的消费环境，将对客服务做到能力范围内的极致，与此同时，强化监管，关注舆论动向，为淄博树立起温暖的城市形象。二是全民参与，为城市荣誉保驾护航。政府的积极作为与用心举动触动了市民内心的城市荣誉感，驱动着商家和市民齐心协力，共同维护淄博的口碑。商家诚信经营，不缺斤少两，想方设法为游客提供优质的服务；市民在政府的号召下，主动地为游客"让路""让景"，并且为远道而来的外地游客提供力所能及的帮助，成就了淄博热情好客的品牌口碑。三是游客创作，打出品牌知名度。淄博的流量吸引了大批量的游客，游客"进淄赶烤"，用镜头记录下在淄博受到的热情接待、感受到的人情温暖，通过朋友圈、微博以及各大社交平台，参与到淄博相关的文化内容生产当中，自发参与价值共创，通过算法推荐不断传播扩散，衍生出众多淄博相关的话题，形成良好的口碑传播效应。热度形成后，不乏知名的网红博主前来淄博打卡，在打卡体验的基础上，输出高质量的内容创作，使得淄博收获了居高不下的热度。

（五）讲好"融"的故事：传递文化，擦亮名片

文旅融合发展的大背景下，随着游客需求的不断变化，如何快速而有效地吸引游客，如何在日益激烈的目的地竞争中脱颖而出，是众多旅游目的地关注的问题。淄博抓准契机，从多个层面讲好了城市故事，使得初始的流量热度生根发芽、开花结果，文化赋能文旅宣传，用故事性内容吸引到更多的潜在游客，擦亮了城市新名片。一是讲好城中百姓的故事，淄博走红网络后，烧烤店"暴躁"上菜的小胖、行踪不定的绿豆糕大爷、害羞的鸭头小哥等本地市民陆续在网络上形成热度，在为淄博带来话题度的同时，使得淄博市民质朴平实的形象得以鲜活地呈现，形成"以点带面，以

小搏大"的新型文旅传播模式。二是讲好历史文化故事，文化是一座城市的"根"和"魂"，是中华民族永远不能离别的精神家园。淄博的热度来源于烧烤，其背后却是根植于久远厚重的淄博历史文化。淄博将其文化传承和历史底蕴的设计融入文旅宣传与活动策划当中，以齐文化为核心，挖掘城市文化特色与内涵，凸显齐文化、山水文化、产业文化、红色文化、孝文化、现代都市文化等文化特色，展现多彩文化，传播优秀地域文化。三是讲好城市价值观的故事，通过本次火爆出圈，淄博市上下同心，真诚待客，诚信经营，为全国人民留下了政府切实为人民服务，百姓热情友善的城市印象，又通过淄博市政府部门先后发布的两封有温度、有力道、不套路的公开信，传递着文明友好的城市价值观，将游客对于淄博的好感推到新高度。

三、发展建议

淄博从原本籍籍无名的非传统旅游城市，一跃成为2023年度占据各大网络平台热搜的"顶流"旅游城市，无论是当地政府还是当地居民都付出了极大努力，收获了喜人的硕果，城市的知名度、美誉度、影响力都得到大幅提升。然而，尽管淄博逆势突围，探索出一条非传统旅游城市的文旅深度融合路径，淄博市文旅产业发展在资源整合、产品开发、技术革新、配套服务、符号打造等方面尚有提升空间。随着淄博的主动降温，网红效应逐渐退热，城市由流量巅峰逐渐回归常态，如何将文旅融合向纵深推进，将偶然的流量转化为长久的"留量"，实现城市的可持续发展，必须始终坚持问题导向，克服现实挑战。为此，调研组提出以下发展建议：

（一）深化资源挖掘，彰显地域特色

优秀的地方文化能够激发游客对于目的地的探索欲，既有利于集聚人气，也可以拉近游客与居民间的关系，进而扩大游客对于目的地的认同感。淄博本次因烧烤而爆火，一跃成为新兴的热门旅游城市，要想化"流量"为"留量"，需充分挖掘当地优秀的文旅资源，基于资源家底，找准文旅产业发展的发力点和突破口，进而实现从单一的烧烤热向文旅综合型目的地的转变。一是充分挖掘丰富的文化资源。淄博作为文化名城，具有厚重的历史，同时也是我国重要的工业城市，齐文化、陶琉文化、商埠文化、黄河文化、聊斋文化、工业文化、红色文化在淄博相互交融。通过本次的爆火，齐文化、陶琉文化的大众认知度显著提升，接下来应立足于淄博"东文西商、南山北水、中民俗"的传统文化和现代工业文明资源优势，以齐文化为核心，着力加强其他优秀的地方文化资源的挖掘与整合利用工作，打造具有多元文化历史印记和鲜明的地域特色的"淄博文化"。二是积极促进地方文化产业发展。立足于文化资源特色，加快发展地方文化产业，促进优秀传统文化创造性转化和创新性发展。淄博的陶瓷、琉璃、丝绸等非物质文化遗产在爆火中得以推广。在此基础上，要立足于淄博深厚的历史文化底蕴，加大力度鼓励并扶持非遗、文创、文博产品的研发生产与对外营销；创新思路，打造淄博地方特色品牌，打通本地特色文创产品的外销通道；培育非物质文化产业园区、文化创意园区、文化旅游产业园区和基地，实现文化产业集群化发展。三是塑造文旅产业消费新热点。前往淄博"赶烤"的客群以 20 岁到 30 岁的年轻人为主力群体，要抓住客群特征，全面释放文旅消费活力。借助淄博烧烤势头，在美食游的基础之上，凭借优势资源，强化观光游、生态游、度假游等特色板块；建设汇集文创商店、特色书店、剧场、文化娱乐场所、文博馆等在内的文旅消费集聚区，打造文体商旅综合体；进一步丰富夜间文旅消费业态，围绕着齐文化、聊斋文化、商埠文化等地域文化谱系，打造具有独特属性的淄博文旅 IP，结合时下热门的音乐节、围炉煮茶、脱口秀、房车露营、沉浸式剧本杀文旅消费新业态打造满足客群需求的文旅体验项目，实现供给与需求间的双向奔赴。

（二）丰富产品类型，适应市场需求

调研结果显示，爆火期间前往淄博的游客多数停留时间较短，文旅体验相对有限，除了打卡淄博烧烤、逛八大局便民服务市场之外，仅有齐文化博物馆、陶琉馆、周村古商城、海岱楼等景点吸引到一定的客流。要实现文旅目的地的可持续发展，淄博需立足于当前构建国内国际"双循环"的新发展格局，构建丰富多样的文旅产品类型体系，基于文旅优势资源，不断丰富旅游产品供给，引导文旅新需求，促进文旅新消费，带动文旅新增长，用种类更加多样、内容更加丰富、功能更为完备、体验更加充足的文旅产品供给，更好满足广大游客的需求。一是发展国学文化旅游。淄博具备稷下学宫、齐国故城遗址、蒲松龄故居等诸多文化遗址、遗迹、文博纪念馆，以及姜太公、齐桓公、管仲等众多历史名人，应紧紧围绕优异的历史文化资源，发展国学文化旅游，全力推动文旅深度融合工程。立足于淄博市文旅资源分布现状及各区域特色，基于全市文旅资源普查成果，科学开发稷下学宫、齐国古城遗址、齐文化博物馆等优质特色旅游资源，精心谋划一批具有地标性、引领性、支撑性的国学文化旅游项目；借助本次爆火流量，加大力度围绕国学文化游开展全方位大招商，坚持把项目招引作为推动文旅深度融合的关键驱动力；此外，以国学文化旅游项目为重点，高效推进大项目建设，以大促小带动全域文旅项目建设与产业发展。二是发展工业旅游。淄博作为工业城市，在百年工业文明的浸润下形成了雄厚的产业基础，并且在工业旅游发展方面已经展开一定的探索与尝试，包括1954陶瓷文化创意园、博山金祥琉璃博物馆、临淄齐民要术酱文化体验馆、高青国井酒文化生态博览园在内的4处项目先后入选了省级工业旅游示范基地。除此之外，颜神古镇、淄川煤矿等近代工业文化遗产及周村集市、张店火车站等铁路工业遗产也都是发展工业旅游的有效抓手。应基于扎实的工业文明底子以及众多工业发展遗产遗迹，因材定位，做好加法，结合文化创意、科普研学、产品展示、旅游购物等功能，构建可观、可玩、可学、可购、可娱的工业旅游生态体系，并推出淄博特色的工业精品游览线路，使得当地的工业旅游项目串珠成链，形成全新的文旅模式与消费业态。三是发展红色旅游。针对焦裕禄纪念馆开展项目优化提升工作，通过研学教育体验完善、思想文化内涵挖掘，把淄博的红色资源利用好、红色精神发扬好、红色基因传承好。在当前展示、解说的基础上，寓教于游、寓教于感、寓教于悟，充分利用技术手段，丰富展陈方式，引导深度的游客体验，优化游客的观看学习效果，将红色体验从"看""听"层面，升级到"参与""体验"层面。与此同时，拍摄纪念馆内的 VR 视频，借助 VR、AR 等技术实现虚拟旅游沉浸式体验，通过在网络上设置的虚拟旅游入口，提升淄博红色旅游知名度。

（三）优化技术手段，增强游览体验

数字化为文旅产品的体验、文旅资源的传播提供了全新的空间与场景，随着技术的进步，5G、AR、VR 等技术深度融入文旅产业的发展，使得游客可以不受时空限制地深度参与文旅体验。淄博作为齐文化的发源地，尽管历史厚重，文化资源禀赋优异，然而在文旅资源的数字化呈现方面仍有较大的提升空间。为此，应更新技术手段，优化展陈方式，依托数字化技术手段，破解时空限制，让游客感受到齐文化的魅力，强化游客对于淄博的文化认知。一是技术实现场景复原。齐国距今两千余年，游客对于齐文化的了解远远低于唐朝、明朝等朝代，稷下学宫遗址、齐国故城遗址的可看性也较低，为此，需引入数字化复原手段，依托考古遗址，采取数字化展示、遗址模拟展示等手段，通过视觉融合技术四面成像，打造一个 CAVE 空间（沉浸式投影空间），复原稷下学宫的盛景，系统展示齐国的历史文化全貌，使得游客能够多角度、近距离、影视化地感受两千多年前的淄博，通过沉浸式互动解读历史遗址的信息知识，提高游览的趣味性，增进游客对于淄博历史文化的了解。二是技术催生演艺产品。伴随着文旅融合进入纵深发展阶段，纯粹的文字或文物所带来的文化展现缺乏生动性和趣味性，相比之下，旅游演艺能够通过光影、舞蹈、音乐、台本，让文化得以鲜活地呈现给游客。当前，淄博的旅游景区大多为传统观光型景区，缺乏对于当地文化的动态演绎和互动性体验。为此，应加大力度引进旅游演艺项目，充分挖掘利用淄博悠久的齐文化、陶琉文化、商埠文化等丰富的文旅资源，以文化为根基，通过全息投影、球幕、虚拟现实等技术手段，使演出场景与淄博的在地文化相吻合，实现文化故事的生动化呈现，并通过互动体验的设计，引发观众的情感共鸣，进一步带动文旅消费，激活城市夜经济发展。三是技术增进研学体验。文化产品体验化与寓教于乐是目前文化产品适应旅游市场需求的必然趋势。当前淄博市文博展馆的技术化应用程度仍然有限，应该在齐文化博物馆、陶琉馆、焦裕禄故居等文博展馆升级数字化技术，借助技术手段，使文化知识通过声音、图像、影视、动画等方式实现生动化展示，提升文物馆藏与研学体验者之间的互动性。此外，采用互联网技术，为各个文博展馆打造"云游研学展馆"，使其能够在电脑、手机、VR头盔等多终端使用，将参观学习延伸到可控的互联网平台，打破时空限制，使得人们能够随时随地参观体验，从而加深更多人对于淄博历史文化的理解与精神共鸣。

（四）强化配套服务，提升接待能力

淄博经过烧烤火爆出圈后，知名度、美誉度大大提升，游客量剧增的同时，揭露出接待能力不足的问题。客流量顶峰时期外地游客一宿难求，此外，交通拥堵、停车困难等问题一一显露，无论是宾馆住宿、饭店餐饮、交通运输、景区景点，均处于超负荷运行状态。当前，淄博旅游的热度理性回落，但爆火为淄博带来的影响不可估量，为此，淄博需牢固树立全市一盘棋思想，进一步加大市级统筹规划力度，强化上下贯通、左右联动，实现同频共振、同向发力，共同增进文旅目的地配套服务能力，维护好城市品牌口碑。一是加强酒店配套建设。丰富住宿类产品供给，构建完善的住宿接待体系。加大力度引进国际高端品牌酒店，通过高品质供给吸引高端消费客群；壮大经济型连锁酒店规模，提升全市酒店床位总量；依托文昌湖省级旅游度假区等河湖风景旅游带，打造休闲度假酒店集群；此外，丰富旅游民宿供给，建成一批旅居车（房车）综合营地、露营地等，满足游客的多样化、个性化住宿需求。二是加强旅游交通建设。针对自由行客群，开通景区间直通车，串联市内优质旅游资源，推出班次化、定制化的多条特色旅游线路，同时配套建设旅游咨询服务中心，为居民游客提供旅游信息咨询、景区直通车换乘等一站式服务。三是加强服务质量保障力度。在烧烤热度逐渐降温，城市管理步入常态化阶段后，重新明确旅游市场服务质量保障的各级责任主体，明确责权范围，探索主体责任分工体系，引导和推动各主体落实责任；健全服务质量提升的评价体系，综合采用游客满意度调查、文旅市场服务质量监测、网络调查等手段，持续关注游客群体对于淄博市文旅服务质量的评价情况，指导淄博市旅游市场服务质量提升工作；此外，明确服务质量提升的工作重点，对新形势、新情况，对于服务质量需求与供给的适配性提出更高的要求，不断推进旅游服务向标准化、专业化、品牌化发展。

（五）固化文旅符号，建立品牌识别

文旅市场的热点不断变化，为保持热度就需要深耕文旅内容创作。淄博拥有深厚的历史文化底蕴，要充分调动历史文化资源，系统性打造淄博专属的文旅符号，在固化"淄博烧烤"这个热点之外，也要加强其他热点内容的宣传，使之符号化，增加淄博的记忆点，将淄博的文化牌打出去，在文旅市场建立起目的地品牌识别度。一是打造地方美食文化符号。从长沙的剁椒鱼头，到重庆的防空洞火锅，再到淄博的烧烤，地方美食成为塑造休闲城市形象的重要文化符号。淄博烧烤以其"三件套"的独特吃法，区别于其他地区的烧烤，博得现象级流量热度。基于此，参照重庆的"九宫格火锅"及"防空洞火锅"的做法，深入解读地方特色烧烤吃法背后的文化成因，挖掘地方风俗背后的历史渊源与地理诱因，从微观视角联结美食与地方文化，强化"淄博烧烤"带给游客的记忆点，使之成为地方专属的美食文化符号。二是传播地方景观符号。在旅游经济活动中，有代表性的景观、景区对于游客具有重要的引导作用，独特的人文地理景观能够带给游客强烈的“地方感”，因此，无论是重庆李子坝的“轻轨穿楼”，还是长沙橘子洲头的伟人塑像，都成为热门的打卡胜地。目前海岱楼钟书阁已经在本次爆火中收获了一定的流量，在此基础上，要讲好海岱楼钟书阁的故事，使之成为独特的地方景观符号。为此，一方面要继续充分借力新媒体，与优秀内容开发团队合作，紧扣消费主体的喜好和需求，开展跨界营销；另一方面，通过主动提供场景和道具，引发游客自发传播，创造源源不断的话题度。三是塑造个性人物符号。淄博烧烤赢在口碑，未来要凭借本次热度带来的知名度，持续保障文旅服务质量，巩固城市形象。人是城市形象传播中最具有活力的主体，为此，可以参照西安大唐不夜城的不倒翁小姐姐、重庆洪崖洞的保安大叔等个性化网红人物，培育淄博市自有的特色网红，例如，从先前在流量爆火中引发游客和网友广泛关注的绿豆糕大爷、偷懒的烧烤店老板、“暴躁”小胖等人物中抽象出“可爱的淄博人，闲适的淄博城”品牌形象，开展文旅商标注册、内涵阐释、文创周边产品开发工作，打造淄博文旅品牌体系，借人物故事强化淄博的城市记忆，并向外宣传城市形象，使游客对于淄博形成立体认知及情感认同，从而达成长久的品牌传播效应。

"淄博现象"中城市精神文明建设的经验与启示

郑敬斌 刘敏 韩文彬 王懿凡[*]

摘要： 社会文明进步关涉城市高质量发展、人民文明气质涵养和国家现代化水平。"淄博现象"中折射出的城市精神文明风貌，是在鲜明政治导向、科学价值支撑、深厚文化根脉和坚实实践基石合力作用下产生的。从淄博市良好政府形象、企业形象、市民形象、城市形象入手，深入挖掘"淄博现象"中城市精神文明建设的主要经验，对于全国城市精神文明建设具有重要意义。在向第二个百年奋斗目标迈进的新征程中，推进城市精神文明建设需要强化系统观念，加强顶层设计，坚持以人民为中心施策施力；明确价值指向，坚持以社会主义核心价值观凝心聚力；坚持以文化人，激活优秀传统文化生命力；强化制度保障，推动体制机制长效发展。

关键词： 淄博现象 淄博烧烤 精神文明建设 文明城市

---

* 郑敬斌，山东大学人文社科研究院院长、马克思主义学院教授、博士生导师，研究方向为党的思想文化建设、意识形态建设及思想政治教育整体化研究等；刘敏，山东大学马克思主义学院助理研究员；韩文彬，山东大学马克思主义学院助理研究员；王懿凡，山东大学马克思主义学院博士研究生。

党的二十大报告指出："中国式现代化是物质文明和精神文明相协调的现代化。物质富足、精神富有是社会主义现代化的根本要求。物质贫困不是社会主义，精神贫乏也不是社会主义。"①只有同时增强物质力量和精神力量，才能顺利推进我国现代化进程并实现这一目标。在全面建成社会主义现代化强国的道路上，我们既要不断厚植现代化的物质基础，夯实人民幸福生活的物质条件，也要搞好社会主义精神文明建设，丰富各族人民的精神生活。精神文明表征了人类智慧和道德的进步状态以及先进社会文化的发展状态。城市精神文明建设关乎城市禀赋与气韵，塑造着城市精神、城市形象，涵养着人民群众的文明素养、文明气质。淄博烧烤现象级爆火的背后，是淄博市多年来对精神文明建设的深耕与开拓，是千百年来淄博地域文化的积淀与传承。研究"淄博现象"背后城市精神文明风貌的立体呈现及其生成逻辑，系统梳理总结淄博城市精神文明建设的基本经验，能够深度解码淄博烧烤爆火背后的思想文化因素，从而为全国城市精神文明建设提供范例。

一、"淄博现象"中城市精神文明风貌的立体呈现

淄博烧烤的现象级爆火绝非偶然。放眼全国，锦州烧烤、徐州烧烤、乌鲁木齐烧烤、济南烧烤等等，烧烤如此之多，却唯独淄博烧烤爆火出圈，其原因除了淄博烧烤的美味，当然也离不开淄博这座城市精神层面的魅力。在此次"淄博现象"中，淄博真正展现出了作为文明城市的精神风貌，既让全国各地游客感受到了淄博的"烟火气"，也让他们亲身经历并见证了淄博的"文明范"。正是良好的城市精神文明风貌，增加了淄博烧烤的人

---

① 习近平.习近平著作选读（第一卷）[M].北京：人民出版社，2023：19.

文魅力，提升了淄博的知名度和美誉度。

（一）政通人和的政治局面

淄博烧烤现象级爆火，首先火在淄博政通人和、上下一心、双向奔赴的城市图景。多年来，淄博市委市政府秉持求真务实、积极作为、勇于担当的工作作风，接续努力、精耕细作、厚积薄发，造就了淄博烧烤爆火中所展现出来的政治清明、勇于担当、务实高效的城市精神风貌。

"淄博现象"中，领导坚强有力，协调高效有序。2023 年 3 月初，淄博烧烤火爆出圈，淄博市委市政府迅速反应并作出决策部署，3 月 10 日当即召开新闻发布会，第一时间针对群众关心问题作出回应。在组织体系方面，淄博市委市政府以最快速度制定和理顺了工作机制，形成从初期的以单个部门为主到多部门协同联动的淄博烧烤联席会议机制。根据形势变化和工作需要，于 4 月中旬调整为提振消费联席会议机制，设立办公室和 10 个工作专班并集中办公，各区县也建立了相应的工作机制，因时因势统筹协调包括淄博烧烤在内的提振消费全领域、各环节，有力保障了淄博烧烤健康发展和提振消费工作实效。

"淄博现象"中，全力提升服务水平，切实保障民生需要。当"进淄赶烤"成为一股热潮，随之而来的是对淄博各领域服务应对能力的一次极大考验。淄博市委市政府积极调动社会力量，以民生为指向，做好各项服务保障工作。在交通保障方面，加开济南至淄博周末"文旅专列"，加密 42 条常规公交线路，并新设 21 条"烧烤专线"；针对网红打卡地"停车难"问题，在"五一"假期到来之前提前增加停车位供给，并利用大数据技术做好道路交通疏导，及时发布道路拥堵提示信息。在住宿保障方面，加强住宿价格管控，对宾馆酒店客房价格实行涨价幅度控制措施，严厉打击住宿酒店乱涨价等违法违规行为。在城市管理方面，持续增强环卫保洁、绿化亮化、油烟净化等领域服务管理，加强重点区域道路保洁和垃圾收运频次，在人流密集区域增设公共厕所、便民座椅等公共设施，全方位展现淄博城市形象。

　　"淄博现象"中，政府与人民同心同力，共建共治共享。淄博是一座传统的工业城市，这些年来，面对资源枯竭、经济转型、新旧动能转换等诸多现实问题，政府和人民都渴望实现城市转型发展。淄博烧烤现象级爆火之后带来的巨大流量经济红利，极大激发了淄博市民的参与感和荣誉感。面对这一机遇，淄博市民展现出一种空前的团结，一直在默默地守护这张来之不易的城市名片。在政府工作人员方面，不论是公安、交警或是城管等，都普遍实行人性化管理，采用更温和的方式方法，在不违反法规、不影响公共秩序的情况下尽量满足游客、商户需求。在普通市民层面，市民自发为游客免费送水、送伞；驾驶自己的车辆到车站免费接送游客；邀请没有订到酒店的游客到自己家住宿；让排不到桌位的游客来自己桌免费吃。在调研中，来自各行各业的普通淄博市民谈到最多的话便是"为淄博荣誉而战""不能给淄博丢脸"，这种团结一致的和谐氛围使这座城市迸发出无穷的力量。大家相聚在烧烤摊上，齐唱《没有共产党就没有新中国》《我和我的祖国》《社会主义好》等爱国主义歌曲，唱出了每个人内心深处最真实的声音。

　　（二）重信践诺的营商环境

　　诚信是新时代淄博鲜明的城市底色。"诚信淄博"建设是淄博优化营商环境的坚实支撑，更是淄博城市精神文明建设总体布局中的重要方面。近年来，淄博市坚持从"政府思维"转向"企业视角"，重商、亲商、安商、富商，尊重、支持、善待企业及个体工商业户，全方位服务提升企业经营能力，同时，将"诚信淄博"建设纳入"一号改革工程"优化营商环境任务清单，创新推出一批市场主体认可、实践证明有效的信用赋能创新举措，助力优化全市营商环境。

　　"淄博现象"中，加强市场监管，打造风清气正的营商环境。淄博烧烤爆火伊始，政府部门便未雨绸缪，对餐饮单位的食品安全、消费环境进行专项督导，要求商户明码标价、诚信经营，严厉打击缺斤少两、哄抬物价等欺诈消费者的违法行为。推出食品抽检"你点我检、你送我检"模式，开展烧烤食品经营单位"双随机、一公开"专项检查，为广大消费者提供高质量的商品和服务。同时，淄博市政府向社会公开承诺"谁要是敢砸我们淄博的锅，我们就砸谁的碗"，并作出要求，政府热线一旦接到群众举报商户有乱涨价、乱收费、坑蒙拐骗等行为，立即要求商铺停业整顿；一旦接到群众举报出租车司机有不打表、乱收费、乱宰客、拒载客等行为，立即要求出租车停运。这些举措体现出政府维护良好营商环境的决心，也极大调动了淄博市民的责任感和使命感。2023年4月8日中午，拥有千万粉丝的抖音创作者"B太"发布了一条新视频，称他自带公平秤来淄博探访八大局便民服务市场，测评了淄博10家摊位，发现没有一家店铺存在缺斤少两的情况，甚至有的店铺还"多送"，可以"免费尝"。在对八大局便民服务市场走访中也发现，市场入口处设有公平秤，并有市场管理人员和社区志愿者在此值守，这些都体现了淄博对于营商环境风清气正的重视和追求。

"淄博现象"中，强化商户内在约束，促进行业可持续发展。对重信践诺的营商环境来说，政府监管是一种外在约束力，行业自律则是不可或缺的内在约束力。"淄博现象"中，为加强行业自律，淄博市专门成立了烧烤协会，推动烧烤行业规范化发展，优化烧烤行业诚信守法的营商环境。2023年4月11号，淄博烧烤协会正式成立。为了更好地促进淄博烧烤行业可持续发展，更好地维护淄博烧烤品牌，烧烤协会发布了《致全体烧烤经营业主的倡议书》，要求商户遵守法律法规，切实履行餐饮服务单位食品安全第一责任人责任，做好消防安全，视食品安全为生命；坚持持证上岗，保证餐饮从业人员资质，积极对其进行各类安全知识培训；严格自律行为，绝不添加非食用物质和滥用食品添加剂，不从证照不全的供货商进货；坚持诚信经营，以诚待人，以口碑为重，做良心食品放心食品，不哄抬物价；笑迎八方来客，礼待四海宾朋。这充分体现出烧烤协会在打造重信践诺的营商环境中起到的引导和规范作用。

（三）守正创新的进取文化

习近平总书记在文化传承发展座谈会上指出："中华文明具有突出的创新性，从根本上决定了中华民族守正不守旧、尊古不复古的进取精神，决定了中华民族不惧新挑战、勇于接受新事物的无畏品格。"①作为齐文化发源地和重要工业城市，淄博是一座兼具文化底蕴和产业活力的城市，历史文化与现代工业的碰撞使淄博具有革故鼎新、与时俱进的精神气质。

守正创新是实现淄博市高质量发展的必由之路。近年来，淄博市委市政府抢抓全省加快推进新旧动能转换和绿色低碳高质量发展先行区建设等重大机遇，"一化独大"局面正在改变，创新驱动、高端高质、绿色低碳的现代产业体系初步形成。2022年1月，淄博市作为全国25个城市之一列入新一批创新型城市建设的名单。建设国家创新型城市，是加快建设创新型国家的重要内容。为深入实施创新驱动发展战略，推动以科技创新为关键的全面创新，高质量建设国家创新型城市，淄博市专门出台了《淄博市人民政府关于高质量推进创新型城市建设的意见》，明确建设创新资源集聚、创新生态优质、创新成果迸发的创新驱动现代化新淄博。

淄博烧烤是淄博市坚持守正创新的重要体现。这一守正创新的进取精神，集中体现在烧烤工具与烧烤吃法上。在烧烤工具方面，淄博市首创了"大炉子+小炉子"模式，开创了无烟环保烧烤先河。其中，大炉子为主烤模式，采用两级油烟净化系统，油烟净化后达标排放，减少对居民和环境的影响；小炉子为保温模式，属于无烟烧烤，炭槽在两边，中间设有水槽，烧烤产生的油脂会滴入水槽，可以避免有害油烟的产生，也避免了油脂滴入碳中产生明火造成肉烤焦烤糊，同时也增加了食客的参与感和体验感。同步制定了"烧烤经营十条规范"，绘制了独具特色的"烧烤地图"，对符合经

---

① 习近平在文化传承发展座谈会上强调担负起新的文化使命 努力建设中华民族现代文明 [N]. 人民日报，2023-6-3（001）。

营条件的业户悬挂"环保无烟烧烤经营点"标识牌，公布监督电话，实行挂牌管理。截至目前，全市推广使用无烟烧烤炉具 3600 余台，更换无烟保温炉 4.2 万余个，全市城区实现无烟烧烤炉具全覆盖。在烧烤吃法上，淄博烧烤的特色在于它的"灵魂三件套"——烤炉、小饼和蘸料。淄博烧烤是一种半自助模式，仍然保留着用独立小炉进行纯碳烧烤，每一张桌子配一个小烤炉，商家会把已经烤得七八成熟的串儿端上来，食客可以按照自己的口味烤出适合自己的烤串。串儿烤好之后，小饼夹上被烤得滋滋冒油的肉串和山东小葱，一手握紧小饼，一手用力拔出铁签，吃烧烤的仪式感拉满。这种勇于尝试、大胆创新的烧烤模式使淄博烧烤在激烈的行业竞争中显现出了旺盛的生命力。

（四）互助互爱的和谐社会

淄博烧烤现象级爆火，让游客印象深刻的除了淄博烧烤的美味，当然也有大街小巷随处可见的志愿者。烧烤爆火之后，给淄博城市管理带来巨大压力。在此过程中，淄博志愿者们发挥了不可或缺的重要作用，成为淄博市城市精神文明建设的重要力量和互助互爱城市精神文明风貌的展示窗口，展现出"厚道齐地、美德淄博"的良好城市形象。

扎实做好志愿服务工作对于提升群众城市认同感和主人翁意识至关重要。近年来，淄博市委市政府认真做好志愿服务工作，不断加强顶层设计，形成较为完善的工作机制，使"奉献、友爱、互助、进步"的志愿服务精神融入城市血脉。首先，推动城市志愿者队伍规模化体系化发展。淄博市志愿服务队伍数量庞大，既有蓝天救援队、城际救援队、麦田公益、绿丝带、"爱心 100"车队等专业队伍，也有个体从业者等普通志愿者。2017 年 12 月，淄博市成立市级志愿服务联合会，推行运用全国志愿服务信息管理系统，构建市、县（区）、镇（街道办）、村（社区）四级志愿服务管理体系，并逐步实现全市文明实践中心、所、站志愿服务队伍全覆盖。调研发现，截至目前，仅通过"志愿山东"文明实践志愿服务信息平台进行线上注册的志愿者就有 100 万余人，志愿服务队伍达到 1.2 万余支，年开展志愿服务活动 10 万余场次，凝聚了强大的志愿服务力量。其次，推进全市志愿服务项目化品牌化建设。推动各级打造了"齐有爱""好周到""红火炬""沂源红""明理胡同""焦桐花开""高言青语""有淄有爱"等 10 多个富有地域特色的服务品牌，引领了志愿服务向品牌化方向发展。

"淄博现象"中志愿服务工作成效不断显现。"淄博现象"中，身高 0.85 米、身穿黄色志愿马甲、边拿奶瓶边看行李的小志愿者冲上热搜。在访谈中，一位出租车司机谈道："大家来淄博吃烧烤，更多的是感受淄博人的热情，感受吃烧烤的人间烟火气。"实际上，淄博烧烤爆火后，政府便有组织地在重点区域常态化设置志愿服务力量，提供各项服务。"五一"期间，淄博市共发动网格员、市直部门党员干部、社区居民和青年大学生等各类志愿者等共计一万四千人次。志愿者们在车站、社区、烧烤点、网红景点等人流量集中的重点区域、重点时段开展交通疏导、乘车引导、文旅宣传、就餐指引、行李看管、应急安保、环境秩序维护等志愿服务，呈现了志愿淄博、文明淄博、有爱淄博的良好城市风貌。调研中，淄博市五好青年志愿服务队长介绍了大学生在淄博烧烤中发挥的青年志愿力量，社区退休老同志表达了参与志愿服务的荣誉感，共同描绘了志愿淄博的美好城市图景。各个暖心场景和句句暖心话语真切体现出建设人人有责、人人尽责、人人享有的城市社会治理共同体的理念和追求。

（五）开放包容的社会心态

"淄博现象"中，淄博这座传统老工业城市一夜蹿红，摇身一变成为一座网红城市。面对突然的爆火和巨大的流量，淄博以一种开放包容的姿态，变"流量"为"留量"，最终交出了一份让多方满意的答卷。

以开放包容的心态积极拥抱流量。在多数人印象中，淄博是传统工业城市，曾面临着传统工业城市都面临的资源枯竭、技术工艺老化、产业人口外流等发展问题，正在不断的改革发展中涅槃重生。2023 年 3 月初，淄博烧烤在网络爆火之后，淄博市政府没有排斥流量经济这种新生事物，也没有对突如其来的巨大流量感到手足无措，而是敏锐地抓住此次来之不易的机会，以拥抱流量的开放心态，展现了"人好、物美、心齐"的城市发展良好局面。相关部门根据此次"淄博现象"的流量情况，保持清醒、保持定力，统筹谋划、抓好业务，借淄博烧烤这一名片推介淄博这座城市，更好推动淄博转型发展。同样，"五一"期间，客流过载，淄博也不吝啬让兄弟城市蹭自己的流量。2023年4月26日，淄博市发出一封"劝退信"，"美景美食不止淄博，好客山东应有尽有……欢迎您到处走一走、看一看，感受'好客山东 好品山东'的独特魅力"。媒体和网民们纷纷称赞淄博这种开放包容的胸襟。

以开放包容的心态欢迎八方游客。无论是政府还是人民，淄博始终以真诚热情的心态欢迎来自各地的游客。淄博烧烤爆火之后，为感谢网友们支持，淄博文旅局局长宋爱香说道："感谢那些走出去的学生们让大家知道这里，我们这里无论是领导还是全体的市民，用感恩的心回报大家，只要大家不嫌弃，我们竭尽全能，愿五湖四海的朋友们，能够来这里感受我们淄博人的温暖。""淄博现象"中，淄博人民同样展现出了无与伦比的热情好客，有人在社交媒体上发出邀请和欢迎，有人走上街头为游客提供指引和帮助，有市民邀请没有订到酒店的游客到自己家住宿。在海月龙宫烧烤体验中，总有真诚的淄博人来到饭桌上，热情欢迎你来到淄博。烧烤商户并没有因为烧烤爆火黑心宰客，而是始终热情服务每一位客人，"五一"期间打折、排队等餐赠送小吃、免费喝饮料等细节之处可见一斑。

以开放包容的心态吸引青年目光。淄博烧烤的现象级爆火始于大学生组团到淄博吃烧烤。烧烤爆火出圈后，淄博政府高度重视并迅速响应，立即召开新闻发布会，为游客提供各种优质服务。同时，为吸引更多青年大学生来淄博，淄博市推出景区门票减免优惠政策，并为符合条件的来淄求职、就业、实习、游玩、访友的青年学生提供免费或半价的住宿等措施。淄博是一座青年创业友好型的品质活力城市，以城市对青年更友好、让青年在城市更有为，在全省率先提出建设青年发展友好型城市，建成青年驿站、青年会客厅、青年社区等设施600余处，为淄博创业青年提供住宿、商务等一系列服务，出台一系列招才引智政策，吸引青年人来淄博创业。

二、"淄博现象"中良好城市精神文明风貌的生成逻辑

淄博烧烤现象级爆火所展示出淄博良好的城市精神文明风貌，绝非一日之功，也绝非单一偶然因素使然，而是在淄博市委市政府领导之下，全体人民多年接续努力的产物，是多方面因素综合作用的结果。从"淄博现象"深入进去、延伸出去、拓展开来，能够全方位、多层次、立体化地把握"淄博现象"中良好城市精神文明风貌生成的内在逻辑。其生成逻辑如图1所示。

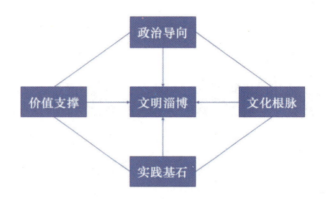

图 1 "淄博现象"中城市精神文明风貌的生成逻辑

（一）政治导向：坚持人民至上的初心使命

淄博市委市政府认真践行习近平新时代中国特色社会主义思想世界观和方法论中的"坚持人民至上"这一精髓要义，始终将为人民服务作为政府的立身之本。围绕人民至上，淄博市委市政府从职能转变、民生保障、社会治理等多个方面发力，致力于打造人民满意的服务型政府。淄博市政府厚植为民情怀，一心为民服务，使淄博人的责任感和使命感极大增强，这是"淄博现象"中良好城市精神风貌得以展现的深层次动力。

始终关心群众安危冷暖，竭力增进民生福祉。淄博市在全省率先出台《关

于建设高品质民生 促进共同富裕的行动方案（2022—2024）》，聚力打造全域共同富裕先行城市。此后，制定印发了"民生赋能""民生集成改革""落实省民生实事"等文件，实行民生建设责任清单制度，顺应民意、回应民声、解决民忧，努力推动高品质民生建设。"淄博现象"中，淄博市的党员领导干部因为务实担当的工作作风得到了全网一致好评。在对淄博市基层社区的走访调研中发现，淄博市基层党组织优秀共产党员代表邵涛，作为张店区马尚街道世纪花园社区党委书记，扎根社区17年，坚持"民有所呼、我有所应"，"问需于民、问计于民"，"扑下身子、担当干事"，创新推行"党建火车头引领法""万步群众工作法""周一说事""周五我值日"等"邵涛社区工作法"，10年间密密麻麻地记录了8本民生日记、上万条民情记录，以实际行动践行了以人民为中心的初心和使命。

平衡民生需求与文明城市创建。淄博烧烤的爆火引发了对于全国文明城市创建的争论，尤其是使少数地方在争创文明城市过程中为了保持城市整洁采取"一刀切"的做法饱受质疑。从"淄博现象"反思，全国文明城市集中反映的是一个城市的整体文明水平和文明程度，这种文明创建不应以牺牲民生利益为代价。基于精神文明建设的视角深度考量，淄博烧烤的爆火缘于政府坚持以人民至上作为文明城市创建的重要标准。2015年起，淄博市政府便针对露天烧烤油烟污染扰民问题积极探索有效治理路径，努力探寻市民群众满意、烧烤业户满意、生态环境改善的文明城市创建之路。具体举措包括进行改造提升，开创性改造推广无烟烧烤炉具，有效减少油烟污染；做好服务保障，各区县根据实际情况，选取合理位置建设"烧烤城""烧烤大院"，积极引导露天烧烤"进店、进院、进场"经营，对烧烤业户实施统一管理、规范经营；丰富业态到位，统筹规划建设夜间经济街区。2021年，淄博市多部门联合印发《淄博市夜间经济街区（夜市）秩序管理暂行办法》，按照"定点定时，安全环保、卫生洁净、配套齐全"的原则，在城区特定地段、夜间特定时段适度放开店外经营。近年来，政府相关部门持续规范和发展露天烧烤文化，通过定期巡查、严格监督执法、"双随机、一公开"等措施，实现了烧烤经营的统一规范和相对集中，找到了烧烤经营与油烟污染治理、市容秩序管理、满足市民需求等多方面的"平衡点"，形成了文明城市创建的范本，为淄博烧烤的现象级爆火奠定了良好基础。

（二）价值支撑：以培育社会主义核心价值观作为精神文明建设的主线

社会主义核心价值观是社会最深沉、最持久的精神力量，是城市精神文明建设的灵魂所在。习近平总书记明确指出："要把社会主义核心价值观的要求融入各种精神文明创建活动之中，吸引群众广泛参与，推动人们在为家庭谋幸福、为他人送温暖、为社会作贡献的过程中提高精神境界、培育文明风尚。"① 淄博市始终坚持以社会主义核心价值观引领城市精神文明建设，紧紧围绕培育和践行社会主义核心价值观展开各项城市精神文明建设工作，努力将社会主义核心价值观贯穿、融入城市精神文明建设的各领域、各环节、各方面。

坚持将培育社会主义核心价值观作为城市精神文明建设的主线。淄博市坚持将社会主义核心价值观的各项要求充分融入城市精神文明建设的方方面面，促成了"淄博现象"中良好城市风貌的立体呈现。以个人层面的"爱国、敬业、诚信、友善"这些目标追求为例，为培养群众的爱国情怀，淄博市举行了"百年之光——党领导中国（淄博）工业百年"主题展、"庆国庆"升国旗仪式等重大庆典活动，这些活动极大激发了全市人民爱党爱国爱社会主义的情感。为培养群众的敬业精神，淄博市以打造"劳动淄博"为核心，建设全市首个"劳动主题公园"，表彰劳动模范和先进工作者，大力弘扬爱岗敬业的劳动精神。为培养群众的诚信品格，淄博市将诚信建设制度化

---

① 习近平. 习近平谈治国理政（第一卷）[M]. 北京：外文出版社，2018：165.

作为全市精神文明创建的重点工作，开展诚信缺失突出问题集中治理行动，挖掘选树诚信道德典型，建立落实诚信红黑榜新闻发布制度。尤其是在群众工作方面，创新"信用积分"模式，让群众的诚信"可变现"，以小积分换大文明。为培养群众的友善态度，2023年，淄博市着力实施"有淄有爱"文明创建工程，推出了"十个一工程"公益广告、"创城惠民百件实事"活动、"有爱指数"小程序和"齐人有礼"等项目，聚力打造"一座最有爱的城市"。

探索推动社会主义核心价值观入眼入脑入心的有效方法。一是将社会主义核心价值观融入精神文明建设的相关标准规范。例如，将社会主义核心价值观融入《淄博市文明行为促进条例》《市民文明行为十不》以及村规民约、学生守则等社会规范，实现社会主义核心价值观制度化。二是将社会主义核心价值观融入人民群众的日常生活。例如，开展社会核心价值观进机关、进企业、进社区活动，制作市民随处可见的社会主义核心价值观雕塑小品和公益广告以及纸巾纸杯等文创产品，推动社会主义核心价值观生活化。三是坚持正面典型塑造和反面典型曝光相结合的工作方式。一方面选树正面典型，发挥先锋模范引领作用。淄博市发现群众身边好人好事，深入开展道德典型选树宣传，形成"淄博好人"月度选树发布机制，并有多人入选"山东好人""中国好人"；打造城市荣耀广场，集中展示为淄博发展作出突出贡献的158名先模人物、优秀企业家和高层次人才，以城市之名礼赞标杆。另一方面曝光不文明现象，增强反面典型警示作用。如发现车辆无序停放、商铺占道经营、闯红灯等不文明行为，群众可通过"爱淄博·随手拍"小程序进行爆料，《淄博晚报》、淄博文明网以及"淄博文明"微信公众号都设有不文明行为曝光栏目。

（三）文化根脉：对淄博优秀传统文化的创造性转化和创新性发展

淄博市精神文明建设之所以成效显著，且在淄博烧烤爆火中展现出文明城市形象，离不开淄博深厚的文化底蕴。只有将"淄博现象"置于历史长河和文化范畴中考量，才能让"网红"变"长红"。

地域文化是重要的城市文化资源，塑造着城市共同的文化底蕴、价值取向、行为准则。淄博是一座具有厚重历史的文化名城，作为齐鲁大地的齐国故都和齐文化发祥地，已有三千多年的历史。齐文化是华夏民族众多地域文化中的重要一支，以"变革开放，务实包容"为精神内核，这种文化气质与当今淄博的城市精神文明建设主旨高度一致。除齐文化外，淄博市的传统文化资源丰富，聊斋文化、陶琉文化、丝绸文化、商埠文化、孝文化、蹴鞠文化、红色文化、黄河文化等等，都是淄博得天独厚的文化资源优势，共同构成了淄博的城市文化特质。淄博烧烤之所以能够火爆全国，表面是商业现象，实则是文化现象，是淄博这座古城千百年来积淀起的精神力量的集中体现。"淄博现象"中体现出来的良好城市精神文明风貌就内蕴在源远流长的传统文化中。某种意义上讲，淄博烧烤爆火是传统文化中的政德文化、美食文化、诚信文化等的传承与发展。

推动优秀传统文化的创造性转化和创新性发展是城市精神文明建设的内在要求。按照省委、省政府打造文化"两创"新标杆的重要部署，淄博市正举全市之力打造中华优秀传统文化"两创"标杆城市，不断将传统文化与现代生活相融相通，在继承创新中不断发展，在应时处变中不断升华，激活淄博优秀传统文化的生机与活力。在"淄博现象"中，淄博文化灵魂"三件套"——陶瓷、琉璃、蚕丝织巾借力烧烤火爆"出圈"，成为淄博传统文化"两创"的成功范例。事实上，淄博烧烤现象级爆火后，淄博市政府相关部门便积极推动"烧烤＋文旅"业态赋能，主动将大流量引向文旅等方面，精准对接游客需求，策划推出五大文旅有机产品和"足球探源""寻味齐国故都""寻梦稷下学宫"等10条主题线路，举办翰墨华章书画淄博，百名书画家共绘百米长卷活动，邀请书画家、画家写淄博画淄博，带网友穿越式感受淄博的历史文化发展脉络，以最直观的方式让广大网友了解到淄博厚重的历史文化底蕴。

（四）实践基石：形成了较为完善的精神文明建设工作体系

淄博市政府长期致力于精神文明建设,连续成功创建"全国文明城市",以持续的城市精神文明建设振奋淄博精神,凝聚淄博力量,用丰硕的精神文明建设成果为"淄博现象"提供了源源不断的精神动力。淄博市的精神文明建设工作深刻领会了以习近平同志为核心的党中央对于精神文明建设的重要指示精神以及习近平总书记对山东省总体发展提出的各项要求,精准对标中央测评体系要求,已经形成了较为完善的精神文明建设体系,具体体现在以下两个方面:

一是构建了"五位一体"文明创建工作机制。城市精神文明建设涵盖文明城市、文明单位、文明村镇、文明校园、文明家庭五大方面在内,其中,文明城市创建是精神文明建设总体布局中的龙头工程。2011 年,淄博成功创建为全国文明城市,成为全国老工业城市中率先建成的全国文明城市。自此之后,淄博市更加重视城市精神文明建设。根据中央指示精神确定工作范围,并依据每年的实际情况动态调整工作重点,持续探索常态长效工作机制。2021 年,淄博市建立起"市领导挂包、立体化推进、系统化督查、快速化整改、全方位考评"的"五位一体"工作机制,由书记市长定期到一线调研、督导、推动工作,印发《关于建立市领导挂包制度推进全国文明城市创建工作的方案》,形成了纵向到底、横向到边、纵横交错、统筹推进的大创建格局。

二是全面拓展了"全域、全员、全程、全效"的文明创建工作路径。"全域"指淄博市坚持城乡精神文明建设一体统筹,将全市五区三县共 90 个基层单位,包括办事处、街道办、单位等,都纳入文明城市创建的工作范围。"全员"指淄博市坚持全民创建文明城市,围绕群众关心的现实问题开展创城工作,发动群众参与创城工作,具体参与形式包括:组建市、区县、镇办三级"市民文明巡访团",推出"爱淄博·随手拍"小程序,由群众发现问题并反馈问题;开展野外指数测评,由群众对包括环境、素质、公共秩序等在内的各方面进行打分;市民积分兑换活动,群众参与活动获得积分兑换生活用品。目前，市民文明巡访团平台有 20 多万人参与，有效处理问题 95000 多个，野外指数发现 50 万 +，群众满意度评价较高。"全程"指淄博市坚持文明城市创建不是临时抱佛脚的短期工作，而是贯穿始终的常态化工作。围绕文明城市创建，淄博市专门设置创城专班，建立"日巡－周查－半月评－月通报"的闭环制度，形成上下联动、分工协作、相互促进的工作格局。"全效"指淄博市文明城市创建考核方式全面，注重创建成效。考核方式主要涉及纳入市级绩效考核，纳入动态管理以及纪委通报约谈督促提升等。

三、"淄博现象"中城市精神文明建设的主要经验

城市精神文明建设不可能一蹴而就，需要久久为功。一直以来，淄博市政府、企业、市民等不同主体中积淀的精神文明素养在"淄博现象"中第一次于万众瞩目的情境中得以充分展现。总结"淄博现象"中城市精神文明建设的主要经验，对于淄博市高质量发展和全国城市精神文明建设具有重要意义。

（一）坚持制度与服务相结合，展现良好政府形象

淄博烧烤爆火出圈之后，淄博市委市政府敏锐感知网络热度，快速反应、系统应对，迅速作出决策部署，坚持制度与服务相结合，以勇于担当的责任意识构建协同机制，采取人性化治理手段，从容应对了"进淄赶烤"大军，显示出淄博市多年来城市精神文明建设的成效，展现了良好的政府形象。总结淄博市政府在"淄博现象"中塑造良好政府形象的经验，主要体现在以下三个方面。

首先，以制度为抓手，构建协同机制，加强制度体系建设。制度是工作展开的基本思路，高效的协同工作机制以及完善的制度体系，能够明确职能分工，有序推进各项工作顺利开展，以此稳定社会秩序运行。"淄博现象"中，制度效能得以充分体现，一方面，市委市政府须根据相关事宜协同各单位与机构，根据各项职能事务设立工作小组，形成系统的组织体系，有序推进工作顺利开展；另一方面，突出重点工作与难点问题，既采用制

度形式，发挥制度的刚性约束力，也凸显人的主体性，以软性治理举措积极化解矛盾冲突。

其次，以服务为导向，协调各方利益，提升城市治理效能。推进城市精神文明建设，应牢固树立管理与服务相统一意识，以解决问题为导向，集中监控热点地区，及时排查风险隐患，综合统筹多主体利益，促进城市共建共治共享。第一，注重民生需求，通过社区调研走访和入户调查，深入居民家中问政于民，在保障居民日常生活需求的基础之上对其发展性需求进行综合协调。第二，充分利用潜在资源，对城市中的事业机关与景区等部门灵活机动调配，将各方利益进行综合配比，满足不同主体的多元需求。例如，在合适的时间，可采用降低门槛、开放门禁等举措，既展现政府的良好形象、刺激景区消费，又给市民的日常生活带来便利。

最后，以数字化为契机，推出智能平台，优化民众旅居体验。随着信息技术迅猛发展，群众日常生活越来越频繁地借助智能工具，从而带来更便捷的生活体验。"淄博现象"中，各类信息也积极借助大数据技术，更加高效、快速地推送到民众手中。第一，为企业店铺实行赋码，推行一店一码，既方便政府相关部门统一管理，也促使民众通过打分评价监督店铺经营，为良好的营商环境奠定基础。第二，推出线上服务平台，将群众日常生活中的出行、购物、居住等多方面需求纳入其中，实现群众需求的一站式解决。第三，开通反馈诉求板块，鼓励市民将日常生活中遇到的不文明现象、违背社会主义核心价值观的行为、难以处理的日常问题进行反馈，经由审核过后交予相应工作人员快速响应并提交解决方案，不断提高群众的生活幸福感。

（二）坚持重利与重义相统一，展现良好企业形象

在淄博重信践诺的营商环境之下，企业和商户的管理成为淄博城市精神文明建设中的重要一环。淄博烧烤爆火后，大量游客涌入淄博消费市场，带动了淄博餐饮业、交通业、旅游业等各个行业的快速发展，造成供不应

求的卖方市场，商家掌握消费的主导权，企业和商户的形象成为淄博市的重要窗口。"淄博现象"中，淄博市企业坚持重利与重义相统一，展现出良好的企业形象。

首先，强化价格动态监测，稳定消费市场秩序。价格是消费的核心构成，价格波动不仅影响市场秩序，也影响人们的行为选择。价格动态监测并非对价格实行强制定位，而是依照市场波动，将价格调整控制在合理、可被人们接受的范围之内。第一，对商品价格进行行政指导，出台相关政策文件，严厉打击随意涨价、欺诈消费者等行为，营造风清气正的营商环境。第二，倡议商家对价格进行自我约束，通过座谈会等形式，从商户主体出发，详细阐述市场秩序稳定与长远发展利益的重要性，从而形成商户积极响应的良好局面。

其次，成立行业联盟协会，落实企业主体责任。优秀的营商环境不仅依靠政府外力约束，更仰仗企业自身的理念与举措。城市精神文明建设需充分激发企业的主体性与能动性，促使企业成为敢担当、善担当的文明企业。第一，成立行业联盟，根据行业属性与特色，完善行业联盟的管理规定，落实行业经营要求，对行业场所、卫生、人员、管理等进行核定与约束，从行业内部实现自发规整。第二，打造行业产业链条，联合政府制定行业发展规划，组织交流行业经营者开展业务培训、技术交流协作，进行统一对外宣传，根据商户要求为其搭建信息交流合作平台，通过平台引进技术设备。同时，聘请专业律师团队，帮助商户企业维护自身的合法权益，提供法律咨询等服务，将标准化管理作为产业发展的关键，形成完善的产业链条，延展产业的活力与生机。

（三）坚持自发与引导相促进，展现良好市民形象

市民是城市精神文明建设的主体，市民文明素质高低是城市精神文明建设成效的最直接体现。在"厚道齐地、美德淄博"的优秀传统文化浸润之下，在淄博市多年来城市精神文明建设的工作推进之中，淄博市民的文明素质

得到极大提升。在"淄博现象"中,淄博市民表现出前所未有的团结一致、热情好客,这是市民自觉性与政府积极引导相结合的产物。

首先,持续提升市民文明素质,促进个人全面发展。精神文明建设的价值旨归是在物的现代化的基础上,聚焦人的现代化,着力提升人们的精神文明素养,并促进精神文明转化为文明的实践行为。"淄博现象"中,政府积极作为,有效提升了市民的文明素质。其一,将文明素质养成浸润到各种组织与团体中,持续推动精神文明建设进单位、进校园、进社区,将社会主义核心价值观融入生活中可能遵照的各种条例与规章制度中,使得市民素养得以在日常中不断提高。其二,健全完善公共服务体系,从硬件上搭建文化展演分享互动平台,将博物馆、图书馆等建设在市民身边,以载体的完善保障文化活动的顺利开展。

其次,普遍建立情感联结,强化市民主人翁意识。只有市民真正意识到自己生活的城市与自己的切身关系,真正愿意参与到城市公共事务当中,才能展现出自发主动、投身奉献的良好精神风貌。"淄博现象"中,政府积极通过各种措施与渠道,充分激发了市民的主人翁意识。第一,积极组织各种与市民权益息息相关的公共活动,保证活动内容的需求性与有效性,促使市民在参与活动的过程中逐渐加深对政府的信任与对城市的利益联结,从而产生对城市负责的责任意识。第二,广泛宣传城市共同体,通过电视、广播、网络、自媒体等多种渠道强调市民彼此之间以及与城市间的情感联结,深化市民的身份认同。

最后,组织志愿活动服务,激发市民的使命感和参与感。对于城市发展而言,志愿服务能够在实践层面落实市民主人翁意识,激发市民的使命感和参与感,使其真正投身于城市活动与公共服务中。"淄博现象"中,志愿服务成为良好市民形象的重要展现,这些都离不开政府的有效组织。第一,建立志愿工作平台,开辟志愿服务宣传阵地。联合文明办、团委等部门,号召大学生等青年力量参与,同时动员社区内的离退休与其他拥有闲暇时间的人员，积极参与到服务游客的活动当中。第二，通过多部门协调，在城市面临种种压力的情况下，将志愿者视为一支重要的社会力量，在重点区域设置志愿服务站点，使得志愿者真正参与到城市治理的过程中，以行动带动其他市民，营造出我为人人、人人为我的良好社会风气。

四、"淄博现象"中城市精神文明建设的现实启示

伟大事业需要伟大精神。实现第二个百年奋斗目标，实现中华民族伟大复兴的中国梦，需要物质文明与精神文明的相互促进、协调发展。对此，习近平总书记明确强调："我们要继续锲而不舍、一以贯之抓好社会主义精神文明建设，为全国各族人民不断前进提供坚强的思想保证、强大的精神力量、丰润的道德滋养。"①新时代，如何更好地推动城市精神文明建设，提高全社会文明程度，"淄博烧烤"现象级出圈及淄博全市上下一心、协同联动、共同参与的成功实践为我们提供了重要启示。

（一）加强顶层设计，坚持以人民为中心施策施力

"治国有常，而利民为本。""以人民为中心的发展思想，不是一个抽象的、玄奥的概念，不能只停留在口头上、止步于思想环节，而要体现在经济社会发展各个环节。"②具体而言，第一，持续关注民生需要。围绕交通秩序、噪音扰民、环境污染等人民群众急难愁盼的各种问题而展开工作，同时积极转变政府职能，变被动应对为主动参与，持续从社会治安、食品安全、消防安全等方面做好城市精神文明建设的护航工作，打造令人满意的服务型政府。在服务过程中更多体现软性人文关怀，强化文明浸润，从而在密切与人民群众血肉联系的过程中，使群众自觉接受文明之风。第二，实现民生需求与文明城市创建之间的平衡。一方面，着眼长远，对烧烤、摆摊等民生经济形式加强标准化建设，规范化管理，持续增强环卫保洁、

---

① 习近平.论党的宣传思想工作 [M].北京：中央文献出版社，2020：132.
② 习近平.论把握新发展阶段、贯彻新发展理念、构建新发展格局 [M].北京：中央文献出版社，2021：94.

绿化亮化、油烟净化等领域服务管理，推动"三进"（进店、进院、进场）经营，以"人情味"守护"烟火气"；另一方面，立足现实，树立底线思维，设定并严守行业发展、市容秩序、环境质量的底线，将各类行业发展限定在市场许可、群众接受、环境承载范围之内，着力推动行业经济利益与社会价值的平衡与共赢，有效推动城市治理提质增效。第三，坚持顶层设计与"摸着石头过河"相结合。对标《全国文明城市测评体系》指标要求，精心设计、整体谋划城市精神文明建设的各项举措，从严抓好专项监督检查与质量考评等工作，使城市精神文明建设成果能够惠及全体人民，使人民群众的精神文化生活不断迈上新台阶。

（二）明确价值指向，坚持以社会主义核心价值观凝心聚力

习近平总书记指出："任何一个社会都存在多种多样的价值观念和价值取向，要把全社会意志和力量凝聚起来，必须有一套与经济基础和政治制度相适应，并能形成广泛社会共识的核心价值观。"[①] 鉴于此，为实现从思想与价值层面引领广大人民群众自觉增强对党的创新理论和路线方针政策的政治认同、思想认同、理论认同和情感认同，在城市精神文明建设过程中，既要强化理论武装，使党的创新理论飞入寻常百姓家。通过创新理论宣传形式，拓宽理论宣讲阵地，实现"理论语言"向"群众语言"的有效转换，以老百姓听得懂的语言，结合地方元素，生动讲好"四史"的典型故事、代表人物，不断增强群众对马克思主义理论特别是中国化时代化的马克思主义的认同感，使其以正确的价值观念规范个人言行，不断提升自身的精神文明素养。也要积极选树榜样，发挥榜样示范带动效应。挖掘爱岗敬业、创新创业、勤学上进、担当奉献、崇德守信等各领域内的时代新人，充分发挥榜样感召示范作用，带动市民群体积极投身城市精神文明建设活动中。

---

① 习近平. 论党的宣传思想工作 [M]. 北京：中央文献出版社，2020：52.

（三）坚持以文化人，激活优秀传统文化生命力

"中华优秀传统文化是中华文明的智慧结晶和精华所在，是中华民族的根和魂，是凝聚人心、汇聚民力的强大力量。"[①] 诚然，淄博烧烤的爆火与流量激增源于政府有为、市场有效、人民有力，但同样与淄博自身的文化优势密切关联。在城市精神文明建设过程中，应该"深入挖掘中华优秀传统文化蕴含的思想观念、人文精神、道德规范，结合时代要求继承创新，让中华文化展现出永久魅力和时代风采"[②]。第一，坚持内容为王。积极探索独具特色的地方优秀传统文化资源，创新文化产品供给，形成独具地方特色的文化集群优势，以文化为纽带，满足人民群众日益增长的文化消费需要，吸引并带动广大人民群众积极参与城市文化品牌建设、中华优秀传统文化"两创"等工作，形成人民群众参与城市精神文明建设的共同体，为城市精神文明建设蓄力。第二，坚持需求导向。结合城市精神文明建设的文化需要和当地群众的文化消费习惯，积极推动优秀传统文化的创造性转化与创新性发展，激活文化生命力，为城市精神文明建设提供正确的精神指引。第三，坚持载体创新。推动城市精神文明建设与群众文化活动深度融合，搭建文化展演展示及分享互动平台，创新形式活泼、乐于参与、便于参与的群众文化活动载体，开发具有地方特色的文化 IP 与云平台，不断增强群众的沉浸式文化体验，在丰富群众精神文化生活的同时，以文化赋能打造和谐美好的城市氛围，为实现文明城市愿景提供持久的精神动力和文化支持。

（四）强化制度保障，推动体制机制长效发展

制度是管全局、管长远、管根本的，具有稳定性和长期性。在"淄博现象"产生过程中，制度效能得到充分发挥，并为淄博烧烤进入温而不凉的常态化发展新阶段提供有效保证。这启示我们，在推动城市精神文明建设过程

---

① 习近平. 习近平谈治国理政（第四卷）[M]. 北京：外文出版社，2022：136.

② 习近平. 论党的宣传思想工作 [M]. 北京：中央文献出版社，2020：12.

中，必须筑牢制度优势，以发展性为导向，推进精神文明建设的长效实现。第一，不断完善城市精神文明建设的体制机制。树立城市精神文明建设全局意识，积极构建全主体参与、全要素发力、全过程协同的体制机制，实现城市精神文明建设自上而下的立体联动；树立城市精神文明建设的数据意识，完善城市精神文明建设全过程数据采集、数据使用、数据保护的制度体系，不断提升城市精神文明建设工作的信息化、网络化、智能化水平；树立城市精神文明建设的问题意识，聚焦城市精神文明建设过程中出现的突出问题、群众关心关注的焦点问题，以制度化方式推动解决，不断增强解决问题方式方法的规范性、指导性、可操作性。第二，强化制度的落地落实。不断增强制度意识，自觉尊崇制度，严格执行制度，坚决维护制度，健全权威高效的制度执行机制，加强对制度执行的监督，坚决杜绝做选择、搞变通、打折扣的现象，防止硬约束变成"橡皮筋"、"长效"变成"无效"①。通过不断健全完善城市精神文明建设常态长效机制，有计划、有重点、有步骤地抓好城市精神文明建设各项工作的落地落实，持续提升干部群众深入参与城市精神文明建设的思想自觉、行动自觉。

① 习近平. 习近平谈治国理政（第三卷）[M]. 北京：外文出版社，2020：543.

"溜"在人人、"博"美民生：
"淄博现象"社会参与和民生需求
调研报告

舒萍 林聚任 黄春蕾*

摘要：调研报告重点分析"淄博现象"的社会特征、社会参与及其所反映的民生需求三个方面。由淄博烧烤发展而来的"淄博现象"具有"三主体一功能"的社会特征，"三主体"即消费者、商家和政府三个主体，"一功能"即整合社会的功能。社会参与分为主体构成、主体行为和行为产生的作用三个维度。具体而言，社会参与群众基础好，其行为具有常态和应急交替、受自媒体约束明显等特点，有服务和治理的双重作用，能够提高社会责任感、集体荣誉感。民生需求则分为需求内容和服务形式两个维度。需求内容涉及食品安全、交通、城市环境和就业富民四个方面，服务形式则有线上和线下两种渠道。淄博现象提供的经验有"四共"：共创共赢的社会力量；共享共建的民生实践。报告建议，不断扩大志愿服务社会参与面和覆盖面，增加对群众精神需求的服务。

关键词："淄博现象" 社会特征 社会参与 民生需求

---

*舒萍，山东大学哲学与社会发展学院副教授，研究方向为经济人类学、饮食人类学；林聚任，山东大学哲学与社会发展学院教授，研究方向为空间社会学、农村社会学；黄春蕾，山东大学哲学与社会发展学院教授，研究方向为社会治理、社会政策、公益慈善。

一、引言

党的二十大报告指出，必须坚持在发展中保障和改善民生，鼓励共同奋斗创造美好生活，不断实现人民对美好生活的向往。同时，报告还提出"增进民生福祉，提高人民生活品质"，将社会民生建设的聚焦从基础性、生存性民生保障转向"人民生活品质"的提升，重点回应的是人民生活"优不优"的问题，追求"民生温度"和"美好生活"。

淄博是山东省乃至全国重要的工业城市，自 2023 年 3 月份以来因烧烤而火遍大江南北，游客从四面八方一波一波大量涌入。淄博的美食、旅游景区、市民的热情、志愿者的奉献和人性化的城市管理都引起了社会的广泛关注，出现了所谓的"淄博现象"。就烧烤而言，它的生产厂家多为个体工商户和一些小微企业，他们对于财政收入的直接贡献虽然不明显，但是它对当地居民的社会力量动员、就业、收入、淄博城市形象等方面，确实起到了非常显著的提升效果。据不完全统计，2023 年淄博市仅烧烤行业直接带动就业达到 4000 人以上。全市一季度城镇新增就业 1.5 万人，居民人均可支配收入同比增长 5.1%。因此，对"淄博现象"的分析决不能囿于烧烤，它已经升级为一种多元主体参与、涉及民生发展的现象。

淄博自 3 月份至今的发展让我们更好地思索"淄博现象"中多元主体的力量和民生发展问题。淄博已经行进在打造"人民淄博"的路上，人民淄博凝聚人民，人民淄博服务人民。已有的调研多从自上而下的角度关注淄博爆火的原因、淄博城市品牌的打造，但较少从自下而上的角度关注淄博居民的变化、"淄博现象"中多方参与者之间的互动、游客大量涌入后产生的新的民生问题及其治理等。为此，我们的调研目的有三：①分析"淄博现象"的社会特征；②考察"淄博现象"中的社会参与和志愿服务情况；

③探究"淄博现象"所反映的民生需求问题。我们希望通过这三个方面的分析，从社会参与和民生需求两个方面总结出转型中的老工业城市的在地经验，并为淄博社会的发展提出若干建议。

我们的调研方法主要有三种：一是集中座谈。2023 年 7 月 12—14 日，我们与淄博市委宣传部，张店区政法委、发改委、工信局、商务局、文旅局、市场监管局、综合行政执法大队、区服务业发展中心、一线工作人员、市民代表、烧烤商户代表和淄博市烧烤协会进行了座谈，了解各个部门在应对淄博烧烤爆火之后的主要做法和工作重点。二是实地考察。2023 年 7 月 13 日下午，走访了世纪园社区、八大局便民服务市场，并与社区负责人座谈。三是问卷调查。我们通过问卷星小程序，主要针对淄博市民和来淄外地游客发放了"淄博烧烤社会参与和民生需求"调查问卷，目前收到答卷 9397 份，有效问卷 9009 份。①

二、问卷调查分析

（一）样本基本情况

1. 年龄

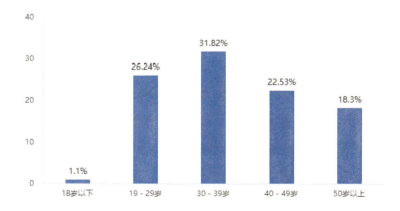

在年龄分布上，样本中 26.24% 的调研对象年龄分布在 19—29 岁之间，

---

① 其中答题者为淄博常住人口的占 94.12%，较能反映淄博当地居民的情况。问卷共 28 道题，前 19 道开放给所有答题者，后 9 道则专门为在淄博常住的答题者设计。

31.82% 的调研对象年龄分布在 30—39 岁之间，22.53% 的调研对象年龄分布在 40—49 岁之间，18.3% 的调研对象年龄分布在 50 岁以上。

2. 性别

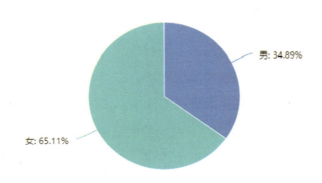

在性别分布上，样本中 34.89% 的调查对象为男性，65.11% 的调查对象为女性。

3. 职业

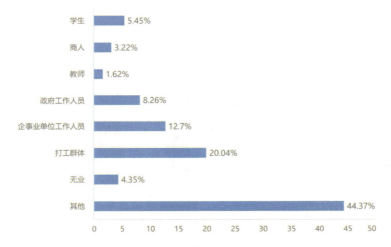

在职业分布上，职业种类分布多样，其中 20.04% 的调查对象为打工群体，12.7% 的调查对象为企事业单位工作人员。

4.地域

在地域分布上,样本中97.77%的调查对象来自山东。

(二)"淄博现象"的吸引度及社会特征

1.烧烤的吸引度:味道好、价格不贵、吃的方式都是淄博烧烤吸引人的地方。

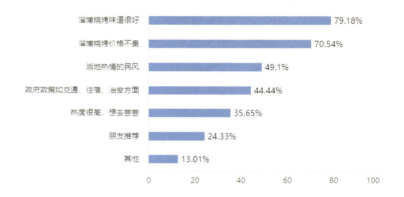

根据数据分析,烧烤吸引人的主要原因是"味道很好"(79.18%)和"价格不贵"(70.54%)。其次是"当地热情的民风"(49.1%)和"政府政策如交通、住宿、治安方面"(44.44%)。"朋友推荐"(24.33%)和"热度很高,想去尝尝"(35.65%)也是一些人选择淄博烧烤的原因。

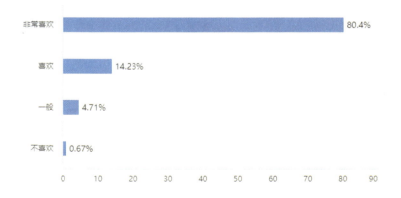

根据调查结果,大多数人对淄博烧烤的"小饼+烤串+蘸酱"的吃

法"非常喜欢"，占比达到80.4%。少部分人"喜欢"这种吃法，占比为14.23%。只有很少人表示"一般"或"不喜欢"这种吃法，占比分别为4.71%和0.67%。综合来看，淄博烧烤的"小饼＋烤串＋蘸酱"的吃法在调查人群中具有较高的接受度和喜好度。

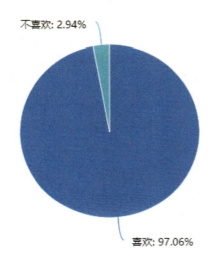

不喜欢: 2.94%

喜欢: 97.06%

根据数据分析，有97.06%的人喜欢淄博自己动手烤烧烤的方式，只有2.94%的人不喜欢。

2. 烧烤店的吸引度：诚信服务和用餐氛围是烧烤店吸引人的地方。

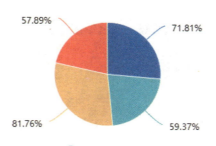

57.89%　71.81%
81.76%　59.37%

- 给每个来吃烧烤的顾客排上号，并告知预计等待时间，等待时间游客可自由支配
- 给每个店门口等待的顾客小零食，防止顾客等待时间过久饥饿
- 商家凭良心做生意，坚持不缺斤少两
- 即使顾客爆满，也坚持开业，不负旅客的热情

根据问卷数据分析，"商家凭良心做生意，坚持不缺斤少两"得到了

81.76% 的顾客认可，说明顾客对于商家诚信经营和保证商品质量非常重视。

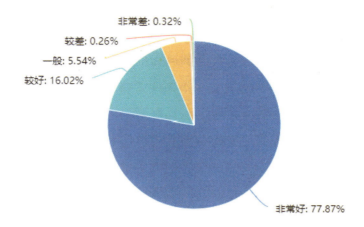

非常差: 0.32%
较差: 0.26%
一般: 5.54%
较好: 16.02%
非常好: 77.87%

　　超过三分之二的人认为淄博烧烤店的用餐氛围"非常好"，约有 16%
的人认为"较好"。可见大部分人对淄博烧烤店的用餐氛围持有积极评价。

　　3. 烧烤政策的吸引度：民众对政府围绕烧烤出台的新政策多持肯定
态度。

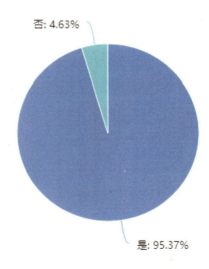

否: 4.63%
是: 95.37%

　　根据样本统计数据，有 95.37% 的人认为淄博烧烤火了之后，政府整改道路、免费停车等措施是便民的。因此大多数人认为这些措施是有益的。

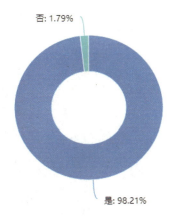

否: 1.79%

是: 98.21%

　　根据样本统计数据，有98.21%的人认为政府对烧烤原料质量和商户称重等的抽检政策受到消费者的欢迎。可见大多数消费者对这一政策持支持的态度。

　　4. 社会特征：消费者之间的关系以家人和朋友为主，烧烤具有社会整合的功能。

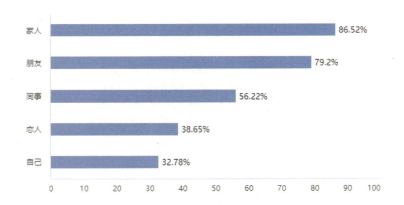

家人 86.52%
朋友 79.2%
同事 56.22%
恋人 38.65%
自己 32.78%

　　上图为调查对象“喜欢跟谁一起去吃烧烤”的统计数据，选择“朋友”和“家人”的人数比较多，分别占比79.2%和86.52%。选择“自己”的人数占比为32.78%，选择“恋人”的人数占比为38.65%，选择“同事”的人数占比为56.22%。大部分人选择和朋友或家人一同去吃烧烤，可能因为大家将烧烤视为一种社交活动,通过同食烧烤可以增进彼此之间的亲密度和友谊。

(三)"淄博现象"中的社会参与和志愿服务

1. 淄博常住人口社会参与的性别特征:女性有较高的参与度。

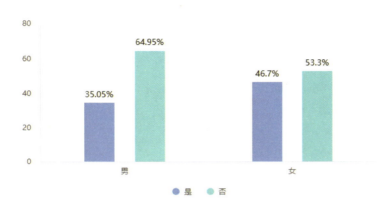

在"淄博现象"中的志愿服务方面,35.05%的男性调查对象参加了志愿服务,46.7%的女性调查对象参加了志愿服务,可见女性有较高的社会参与度。

2. 淄博常住人口社会参与的年龄特征:30—39岁是主力军,19—29岁是生力军。

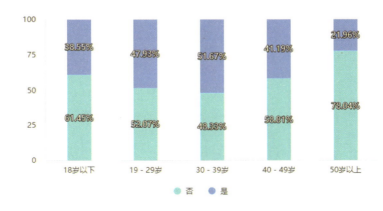

样本中参加了志愿服务的调查对象在各年龄层中的分布情况为:18岁

以下的 38.55%，19—29 岁的 47.93%，30—39 岁的 51.67%，40—49 岁的 41.19%，50 岁以上的 21.96%。可见，30—39 岁这个年龄层的淄博常住人口是进行志愿服务的主力，19—29 岁的淄博常住人口是志愿服务的生力军。

3. 淄博常住人口社会参与的职业特征：职业覆盖面大。

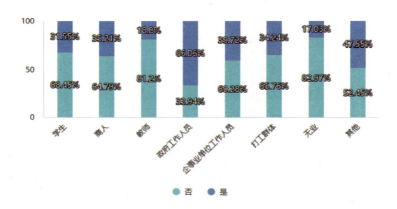

在样本中列举的各行业中均有志愿者，社会覆盖面大，其比例按照由高到低排列为：政府工作人员、企事业单位工作人员、商人、打工群体、学生、教师和无业人员。

（四）"淄博现象"反映的民生需求问题

1. 淄博常住人口关注民生需求的性别特征：男性女性都比较关注民生问题，没有明显性别差异。

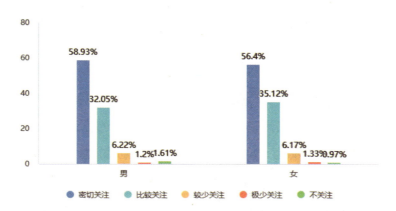

密切关注民生问题的男性调查对象为 58.93%，女性为 56.4%；比较关注的男性为 32.05%，女性为 35.12%。可见，不同年龄层的淄博常住人口对民生问题的关注度没有明显的性别差异。

2. 淄博常住人口关注民生需求的年龄特征：各年龄层都较为关注民生问题。

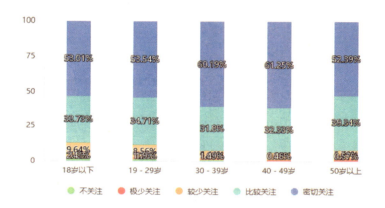

淄博常住人口中对民生问题"密切关注"的 40—49 岁的调查对象占 61.25%，30—39 岁的占 60.19%，19—29 岁的占 53.54%，18 岁以下的占 53.01%，50 岁以上的占 52.39%。对民生问题"比较关注"的淄博常住人口中 50 岁以上的占 39.34%，19—29 岁的占 34.71%，18 岁以下的占 33.73%，40—49 岁的占 32.33%，30—39 岁的占 31.8%。30 岁以上的年龄层对民生问题的关注度达到了 90% 以上，29 岁以下的人群也在 86%—87% 之间。可见，淄博社会各年龄层对民生问题是比较关注的。

3. 淄博常住人口关注民生需求的职业特征：职业性质与民生关注程度相关。

样本调查对象按职业对民生关注程度由高到低排列为：政府工作人员、商人、企事业单位工作人员、教师、其他、打工群体、无业和学生。这可能与不同职业者对政府民生政策了解程度有关。相对而言，政府工作人员、商人和企事业单位工作人员因工作性质对社会民生、福利政策了解的渠道、讨论的机会都比较多。

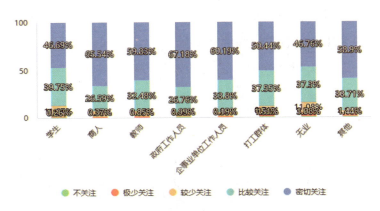

4. 民众对政府有关民生政策的评价：民生需求较多反映在交通和食品安全上，政府围绕烧烤所出台的举措与民生需求较为匹配。

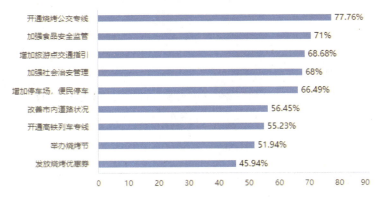

淄博市政府出台的烧烤相关政策中有益本地民生的多项选择题中，排前三位的分别是开通烧烤公交专线，占 77.76%；加强食品安全监管占 71%；增加旅游点交通指引 68.68%。可见，政府是为了方便来淄博吃烧烤的外地游客出台的新政策，同样受到了淄博本地民众的欢迎。

三、"淄博现象"的社会学分析

本部分结合座谈和问卷资料，从社会学角度对"淄博现象"从社会特征、社会参与及民生需求三个方面展开分析。

淄博作为山东省一个重要的老工业城市，如今成为烧烤产业的重要基地。自淄博烧烤爆红出圈以来，淄博烧烤行业呈现出系列社会特征。

首先，淄博烧烤作为一种特色美食，逐渐成为当地的代表性文化符号，吸引了大量游客和食客前来品尝。根据问卷调查，大多数人对淄博烧烤的"小饼＋烤串＋蘸酱"的吃法，其中"非常喜欢"的占比达到80.4%，"喜欢"这种吃法的占比为14.23%。烧烤店铺如雨后春笋般涌现，形成了专门的烧烤体验地和独特的烧烤街区，成为人们聚集的热门地点，烧烤店的服务质量也得到了极大的提升。随着社交媒体的兴起，烧烤店也积极利用网络平台进行宣传和推广，通过贴心服务、美食摄影和顾客评价，吸引了更多的人关注和品尝淄博烧烤的美味。无论是白领还是学生，无论是本地人还是外地人，都能在淄博的烧烤店里找到自己喜欢的一款。

其次，淄博政府采取了系列有效的应对措施，包括加强规范监管、支持烧烤行业发展、加强旅游基础设施建设和加强宣传推广工作，以应对游客大量涌入的挑战，提升了淄博烧烤的品牌形象和旅游吸引力。如根据样本统计数据，有95.37%的人认为淄博烧烤火了之后，政府整改道路、免费停车等措施是便民的。淄博市政府还加大了对城市环境的改造和升级。烧烤街区的建设使得原本冷清的地区变得热闹起来，街道整洁，绿化环境良好，社会秩序井然，成为游客和当地居民休闲娱乐的好去处。

再次，烧烤行业的兴盛带动了相关产业的发展和就业机会的增加。烧烤用具、烧烤调料、烧烤场地等相关产业纷纷兴起，为当地经济注入了新的活力。众多烧烤店的兴起，为当地创造了大量的就业机会和创业机会，提升了居民的生活水平。食材供应商、烧烤设备制造商等都获得了更多的机会和市场。同时，淄博烧烤的知名度也吸引了大量的游客前来品尝，促进了旅游业的发展。越来越多的人来到淄博，品尝当地的烧烤美食，了解淄博的历史文化。淄博的旅游资源和文创产品得到了更好的开发和利用。因此，75.01%的问卷调查对象认为"淄博烧烤"对淄博的影响有很大的促进作用，20.45%的调查对象认为有一定的促进作用。

淄博烧烤不仅满足了人们对美食的需求、对政通人和生活的向往，也成为淄博市的一张文化名片，吸引了越来越多的人前来体验淄博烧烤文化中的人间烟火气。概括而言，淄博烧烤具有"三主体一功能"的社会特征。

（一）社会特征："三主体一功能"

1."三主体"：消费者、商家和政府

（1）消费者主体具有分布广、性别均衡的特点

"淄博现象"具有参与者年龄层和客源地区分布广的特征。9009份有效答卷显示：92%以上39岁以下的调查对象，2023年3月以来都吃过淄博烧烤。40—49岁的大概有86.31%，50岁以上的占79.68%。可见，虽然淄博烧烤在各年龄层受欢迎的程度有所不同，但是淄博烧烤在各年龄层中有不少的消费者。烧烤作为一种美食文化，吸引了各个年龄段的人们参与其中。食客们或对烧烤的美味、独特的烹饪方式感兴趣，或喜欢烧烤的热闹和社交氛围。无论是年轻人还是老年人，无论是本地居民还是外地游客，都能够在淄博烧烤中找到自己的乐趣和满足。因此，淄博烧烤能够吸引不同年龄层的人们参与其中，形成了一个多元化的参与者群体。淄博烧烤客源地区分布广，包括淄博市本身的居民、其他城市的游客，以及特定的客源地区。"进淄赶考"成为自驾前往淄博吃烧烤和旅游的人们的热门标语。客源地区的多样性和广泛性，为淄博烧烤行业的发展提供了良好的市场基础。淄博政府的高效管理、社会的良好秩序以及人民的幸福安定生活，使得淄博成为一个理想的旅游目的地。

"淄博现象"具有参与群体性别均衡的特征。淄博烧烤本质上是一种消费方式，但是它又打破了我们对烧烤的刻板性别印象，即粗放、以男性为主的特点。本次问卷调查发现：82.87%的女性选择了非常喜欢"小饼＋烤串＋蘸酱"的吃法，而男性占75.79%。可见，在消费频率和方式等方面，女性比男性更青睐淄博烧烤，从而具有更高的参与度。淄博地区的女性在家庭中扮演着重要的角色，她们通常负责烹饪和准备食材，这可能是她们

更能接受淄博烧烤方式，从而比男性有更高参与度的原因之一。此外，女性通常更注重家庭和社交关系的维系，她们会积极参与烧烤活动，与家人和朋友一起分享美食和快乐。所以淄博烧烤没有体现出"烧烤"饮食中男性主导的特征，而是具有女性参与度也比较高的特点，这与当地的家庭文化、社交活动和女性价值观等因素密切相关。

（2）烧烤商家具有"道德经济人"和"抱团"走出去的特点

"淄博现象"中商家体现出"道德经济人"特征。"我们做烧烤不只是为了赚钱，而是为了淄博的荣誉而战。"这是在网络上广为流传的淄博当地烧烤商家说的一句话。一方面，淄博烧烤商家利用新媒体最早对淄博烧烤进行了成功的商业策划。2023年3月4号抖音上第一个烧烤视频出现，并且达到三四百万的播放量，这是几家烧烤店同时在线上与抖音合作和线下请大学城的学生帮忙做的宣传，淄博烧烤的传播面迅速打开。另一方面，问卷调查显示烧烤商家既是淄博烧烤志愿者的重要群体（占35.21%），也是对淄博民生需求关注度较高的群体（占65.54%）。他们在盈利的同时也注意对顾客的人性化照顾，如让顾客排队知晓排队时间、等待期间提供小零食、诚信经营、高客流时坚持开业等。商家的价值观决定了他们在赚钱的同时也会重视奉献和为社会服务，从而具有了明显的"道德经济人"特征。

"淄博现象"具有依托政府"抱团"走出去的特征。淄博市政府通过出台系列扶持政策，为烧烤行业提供了良好的发展环境和条件。如根据问卷调查结果，大多数本地人认为"政府简化加快办理烧烤店营业手续对他们在餐饮方面的创业影响"非常大（58.33%）或较大（23.16%）。政府在烧烤行业发展中起到了组织和协调的作用。政府通过组织烧烤商家座谈会、行业协会等活动，促进了行业内商户之间的交流与合作，形成了合力。政府通过举办烧烤文化节、烧烤美食展等活动，宣传推广淄博烧烤，吸引了大量游客和消费者，提升了烧烤行业的知名度和美誉度，推动了烧烤行业的发展。淄博市烧烤协会成立于2023年4月11日，是由淄博市商务局作为业务指导单位成立的社会组织，吸纳了一批经营规模、从业年限、环境卫生、守法经营等较好的烧烤店作为会员单位。从 5 月份开始，应全国多家"进淄赶烤"城市的热情邀请，经过主管部门同意，烧烤协会组织了"淄博烧烤轻骑兵"，到全国各地参与各种大型活动，如浙江杭州美食街、浙江舟山 2023 鱿鱼产业大会等，同时也组织精美陶瓷琉璃、周村烧饼、清梅居食品等多种淄博特产前去展销，宣传淄博。商户依托政府"抱团"走出去，不仅利于促进淄博烧烤以及相关产业的可持续发展，也进一步提升了淄博的知名度、美誉度。

（3）淄博政府具有监管力度强而有效的特点

烧烤在我国许多城市只是一种消费方式和生活方式，但在淄博它已经上升为政府的重要工作，政府监管力度之大、之有效较为少见。3 月份以来，淄博烧烤餐饮单位由 1122 家增至 7 月份的 2231 家，数量翻倍。淄博市场监管局协同其他单位执行"日报告、周覆盖、月调度"工作机制，每日对 13 个烧烤餐饮聚集区、23 个网红烧烤店重点监督检查，每周对全市烧烤餐饮单位全覆盖监督检查；加强对烧烤餐饮单位进货查验、索证索票、肉类安全等重点环节监管。截至 7 月，全市共检查小饼生产单位 504 家次，责令整改 65 家次，警告 11 家次，处罚 8 家次，罚没款 14.5 万元。摸排畜禽产品批发商 313 家，责令整改 31 家次，立案查处 3 家。问卷调查也显示，政府的以上措施受到了外地游客和本地居民的高度赞扬和支持，其中特别受民众欢迎的政策为交通管理（占 77.76%）和食品安全监管（占 71%）。

2."一功能"："淄博现象"具有整合社会的功能

本次问卷调查发现：作为一种饮食文化，淄博烧烤吸引了不同背景、不同职业、不同年龄、不同性别的人们聚集在一起，共同享受美食的乐趣。来自各行各业的人们在烧烤店放松身心，交流彼此的生活经验和见解，增进了彼此之间的了解和友谊。这种聚集现象不仅促进了社会交往，也有助于打破社会中的隔阂和壁垒。烧烤店的兴起带动了相关产业的发展，创造了新的就业机会，增加了居民收入，促进了经济繁荣。此外，烧烤店的兴起还带动了周边商业的发展，形成了一个完整的商业生态圈，进一步推动了当地经济的发展。通过烧烤，人们可以感受到淄博的独特风情和历史文化。这种文化传承不仅有助于保护和传承地方文化，也为社会提供了一种共同的文化认同和归属感。所以，淄博烧烤通过吸引不同背景的人们聚集在一起，促进了社会交往和友谊的建立；它带动了相关产业的发展，促进了经济的繁荣；它代表了一种地方特色和文化传统，为社会提供了一种共同的文化认同。

（二）社会参与分析

从文化上看，"淄博现象"的社会参与继承了传统的齐文化、山东文化元素，开创了一种"厚德＋烟火＋生态"的中国式现代化城市文明；从组织上看，在"淄博现象"出现之前，由政府、社会组织推行的志愿服务规模和内容已形成一定规律，淄博爆火之后，个人自发式志愿服务与前者并行，淄博的社会参与力量空前壮大，为建设和提升淄博的城市声誉都做出了不容小觑的贡献。

烟火与生态在淄博和谐有序共生，离不开社会各力量对公共事务的共同参与。以齐文化底蕴为基础，淄博市政府提出了"厚道齐地，美德淄博"口号，倡导市民多做好人好事，每个月评选"淄博好人"。淄博市文明办线上平台记录的志愿者有100多万人，3万多支队伍。仅该平台有记录的志愿服务活动一年超过10万次。淄博爆火之后，这种厚道和美德得到了厚积薄发的机会，淄博的志愿者不再局限于政府和社会组织登记的市民，而是扩展到一般群众，有的自发去车站免费接送游客，有的为游客免费导游，有的市民在游客住宿遇到困难时甚至让其住在自己家中。经过自媒体曝光和宣传，淄博的社会参与成为一种比较普遍的公民行为。以下将从淄博社会参与主体构成、主体行为和行为产生的作用三个维度展开分析。

1. 主体构成

（1）社会参与群众基础好。结合问卷和座谈资料，我们发现"淄博现象"中社会参与具有很好的群众基础。在淄博烧烤出圈之前，淄博实名注册的志愿者有100多万人，民政注册的社会组织4000多家，这些都为淄博烧烤爆红之后的社会参与奠定了很好的群众基础。根据问卷数据分析，参加过与"淄博现象"相关的志愿者服务的人数为3619人，占比为42.68%。淄博爆火之后，政府在淄博客流量大、人员多的地方如火车站附近社区招募了一批退休人员做志愿服务，许多市民积极报名。他们主要承担为游客指引交通路线、及时疏散人流的任务。由于人多打车困难，有的志愿者还会帮助外地游客与网约车直接沟通，再告诉游客确切的上车点。市民志愿者有很强的服务意识，他们普遍认为自己是在为淄博的文化旅游建设做贡献，为外地游客服务是让人高兴和光荣的事情。

（2）社会参与应急志愿服务基础好。淄博日常志愿服务主要在台风应急、疫情防控和文明交通方面。淄博街道种植的大榕树，一到冬天落叶遍地，影响交通，所以每年一到冬季，全市群众都积极响应政府号召，参加无偿扫秋冬落叶的志愿服务活动。这些都为"五一"期间的应急志愿服务进行了平时全民练兵，为志愿服务的应急性工作的顺利完成提供了基础。"五一"前夕，淄博全市开展了"我爱淄博 文明旅游"的"六进"志愿服务活动。"六进"活动不只针对烧烤，它还应对旅游高峰期间的各种场景可能遇到的突发问题，地点包括景区景点、烧烤市场、文化场馆、车辆广场等人群聚集区域。应急志愿服务由文明办牵头，联合公安、交通、商务、文娱、市场监管、城市管理等部门建立志愿服务体系，有条不紊地展开活动。

2. 主体行为

（1）社会参与呈现出"常态"和"应急"交替的特点。"淄博现象"中的志愿服务具有明显的时间轴。2023年4月初淄博市政府开始为"五一"进行应急服务准备。志愿者与团委、公安、社区等一起建立志愿服务体系。比如在网红点八大局便民服务市场，街道居委会在"八大局"所在的两个社区招募了 100 多名志愿者，"五一"期间早上 7:00 上班，晚上 10:00 下班，主要是帮助外地游客寄存包裹，指引外地游客乘坐公交以及提供一些便民服务；每天除了街道社区力量外，还有公安、消防、卫生、应急局等 7 个政府部门，以及电力公司、燃气公司等下沉的志愿者，日均 420 人服务"五一"期间的外地游客。"五一"之后，大数据显示各网红点客流量回落，志愿服务转入常态化。

（2）社会参与力量行为具有明显受自媒体约束的特征。自媒体的发展和普及使社会参与力量的行为具有受自媒体约束的特征。社会参与者在行为上需要更加谨慎和规范，以避免受到舆论的谴责和批评。淄博爆火以后，往往一个小视频发到网上都会受到几百万人次的关注，好事坏事均会几何级数地放大，对淄博的声誉造成前所未有的影响。因此，普通市民也更加注重规范约束自己的行为。

3. 社会参与力量的作用

（1）社会参与力量有服务和治理的双重作用。社会参与力量可以通过提供各种服务，满足外地游客和当地居民的需求，提高社会福利水平；同时可以通过发挥治理的作用，维护社会秩序和稳定。以淄博网红烧烤店牧羊村所在的马尚街道林家村为例，为了更好地服务消费者，该村两位主任和六七十位党员，每天就近值班服务，同时村委投资了一些设施以保障服务能顺利完成。针对外地车辆停车难问题，该村将一块原为部队营房的区域免费向游客开放。在服务中，村委也遇到游客长时间占据车位、利用网络道德绑架、深夜喧闹扰民等情况，他们联合交警、城管部门进行治理，安排专人劝阻晚间滋事者，有效维护了社会治安环境。

社会各界的积极参与和努力，为建立一个诚信、安全的社会环境奠定了基础。一方面，政府通过加强法律法规的制定和执行，加强对违法行为的打击和惩罚，推动建立健全的法治环境。另一方面，淄博当地居民秉持"为荣誉而战"的信念，在实践中汇聚成强大的人民力量，使淄博的诚信度在全国范围内得到提升。媒体、社会组织和个人可以通过舆论监督和宣传引导，推动社会各界遵守诚信原则，形成诚信、安全的社会氛围，增强社会的公信力和道德观念，减少欺诈、虚假宣传等不诚信行为的发生，提高社会的安全水平。网红大咖如 B 太在淄博八大局便民服务市场的暗访，普通游客在抖音等平台展示自己在淄博得到市民的无私帮助，淄博警察在夜晚的烧烤店守护社会秩序，出租车司机和私家车司机的真诚好客等，都向全国人民展示了淄博的诚信度和安全度，为打造诚信淄博、人民淄博奠定了良好基础。

（2）社会参与力量具有提高社会责任感、集体荣誉感的作用。通过参与社会事务和公共事业，个人和组织能够对社会问题和公共利益产生更高的关注和责任感，从而增强对社会责任的认识和意识。通过积极参与社会事务和公共事业，个人和组织还可以展示自己的社会责任和价值观，赢得公众的认可和尊重，从而提升自身的集体荣誉感。"淄博现象"中社会参与力量覆盖了各行各业。"五一"期间统计在册的各类志愿者 7000 名，政府部门发动的网格员 7691 名，市直部门的党员干部 1100 名，总数超过15000 名。经营业户也自发组织投入到志愿服务中，他们在游客密集的"八大局"和火车站自愿提供免费乘车服务、送伞送雨披、送蒸包送雪糕、免费派发饮用水、解决游客住宿困难等。淄博的小学生、大爷大妈和上班族在上学、遛弯、下班路上为游客指路、上街清理垃圾。淄博社会力量得到了充分激发，极大提高了市民的社会责任感和集体荣誉感。这种社会责任感和集体荣誉感的提升将进一步激励个人和组织更加积极地参与社会事务和公共事业，为社会的发展和进步做出更大的贡献。

互联网时代，年轻人之间的交流早就打破了地域的限制，青年志愿者向同龄人展示了淄博这个老工业城市的活力。早在 2021 年，淄博籍大学生、在淄博上学的大学生和淄博社会青年组成了淄博市五好青年志愿服务队，主要是发动大学生参与社会公益，打造好志愿服务的中转站。淄博烧烤爆火之后，他们也积极地为淄博荣誉而战，"五一"期间先后组织了60多名志愿者，其中还包括在外地上学返淄过节的大学生。他们每天做十几个小时的志愿服务，嗓子都哑了。问卷调查和对一线工作者的座谈显示，青年志愿者是不可忽视的新生代力量。他们针对游客需求提供乘车引导、就餐指引、卫生清洁、行李寄存服务，虽然辛苦，但是在情感上获得了满足，实现了个人价值，提升了对淄博的认同。

（三）民生需求分析

烧烤产业的爆红对淄博民生有直接影响。凭着"烤炉、小饼加蘸料"的烧烤灵魂"三件套"，"进淄赶烤"、体验淄博"人间烟火"成为一种消费时尚。

"淄博现象"直接带动了当地酒店、旅游的客流量。2023年3月1日到7月9日，入淄（在淄）人数约5037.1万人。"五一"期间，经铁路到淄人数达32.72万人次，淄博站累计发送旅客24.03万人次，较2019年同期增长8.5万人次、增幅55%；住宿预订量较2019年同期上涨800%，全市酒店共入住333.65万人次；淄博旅游订单较2019年同期增长超2000%，淄博快速登上全国热门景区榜首，全市73家A级景区累计接待游客667.44万人次，实现营业收入8968.32万元。

客流量激增增加了就业机会和收入。淄博市统计局的数据显示，全市仅烧烤行业创造就业岗位4000人以上；从收入看，烧烤师傅工资普遍上涨50%—100%不等。人力资源市场数据显示，餐饮业、住宿业二季度岗位需求6871个。烧烤产业的爆火也带动了其他相关行业的发展。比如对肉类、蔬菜等农产品原材料，小饼、调味料、酱料等加工品，小炉、马扎、餐具等相关产品的需求量加大，外卖配送等新经济形态增长迅速，进一步拓宽了就业渠道。2023年1—6月份，全市城镇新就业4.8万人，同比增长11.85%，烧烤有效促进了就业增长。

与此同时，游客骤增也为淄博居民带来了一些新的问题，它们集中反映在交通、出行、噪音等问题上，民众由此产生了新的民生需求，政府为此制定和采取了一系列新的政策。以下将从民生需求内容和服务形式两个维度展开分析。

1. 需求内容

淄博由烧烤引发的民生需求内容涉及食品安全、交通、城市环境和就业富民四个方面。针对民众最为关心的淄博烧烤的食品安全、社会治安和出行安全便利三大问题，淄博市商务、城管、市场监管、交警等部门及公交公司等企业，与烧烤商户进行了联动，抽检烧烤原材料，定期检查烧烤店设施安全，增加警力保障，增开公交路线，拓展停车区域。问卷调查显示，淄博市政府出台的烧烤相关政策中有益本地民生的多项选择题中，排前三位的分别是开通烧烤公交专线，达 77.76%；加强食品安全监管达 71%；增加旅游点交通指引达 68.68%。这反映出政府的政策和民生需求之间匹配度较高。

在处理城市文明建设与经济发展之间的矛盾方面，淄博市自 2015 年首创了"大炉子 + 小炉子"模式，开创了无烟环保烧烤先河。其中，大炉子为主烤模式，采用两级油烟净化系统，油烟达标排放，减少对居民和环境的影响；小炉子为保温模式，属于无烟烧烤，炭槽在两边，中间设有水槽，烧烤产生的油脂会滴入水槽，既避免有害油烟产生，也避免油脂滴入碳中产生明火造成肉烤焦烤煳，同时还增加了食客的参与感和体验感。截至目前，全市推广使用无烟烧烤炉具 3600 余台，更换无烟保温炉 4.2 万余个，全市城区实现无烟烧烤炉具全覆盖。小炉子改革为居民创造了良好的空气，问卷调查数据也反映了这一点，如大部分人对淄博的环境卫生状况持较为积极的评价。其中，"非常好"的比例为 60.34%，"较好"的比例为 29.63%。小炉子改革为游客提供了参与感和仪式感，如根据数据分析，97.06% 的人喜欢淄博自己动手烧烤的方式，说明小炉自烤方式对消费者的吸引力大，从而保证了烧烤商户的可持续发展。

2.服务形式

淄博民生服务有线上和线下两种方式。线上形式主要包括开发 App 小程序，让群众诉求有通道。"淄博现象"出现后，外地游客纷纷涌入，给本地居民出行、购物等带来了种种不方便。比如八大局便民服务市场爆火以后，一天涌入 20 万游客，当地居民在由政府搭建的"您码上说·我马上办"的小程序平台反映"上班出不去、下班回不来"，开车回来停车难等问题。这个小程序让本地民众有渠道、有效率地表达诉求，也为政府及时解决问题创造了条件。

线下形式主要包括政府设立疏导区、开展实地走访，了解和解决群众问题。居民希望生活方便、环境宜居，这就需要城市有"烟火气"的同时还能维持较好的市容市貌。经过多年治理，全市现有城区便民疏导区（含便民市场、早夜市、修车点等）464 处，拟新增城区便民疏导区 37 处，总计 501 处。先后公示夜间经济街区共 5 批 90 余处，以"人情味"守护"烟火气"，有序繁荣夜间经济。问卷调查显示：60.34% 的居民认为淄博的卫生状况保持得非常好；72.77% 的居民认为社会治安状况非常好。可见，多数老百姓支持营造干净整洁的生活环境，民众对城市管理工作较为满意。

2020 年淄博开始开展满意度大走访工作，即街道工作人员每年两次，上半年一次，下半年一次，深入居民家中拜访，了解居民对政府和街道办有什么诉求或者需要改进的地方。从 3 月份爆火以来，八大局便民服务菜市场成为网红旅游点，到 7 月中旬累计接待游客量超过 1000 万，"五一"期间日均接待量最高峰达到了 23 万人，平均每天保持在 10 万人左右。"八大局"周围有 135 栋居民楼 4864 户，游客骤增带来了噪音，扰乱了周边居民的正常生活。市场所在的体育场街道在入户调研的基础上，与执法中队、城管部门等商议，将市场内经营时间由原来的 7 点至 23 点调整为工作日 8 点至 21 点，周末 8 点至 22 点；每天闭市前半小时，市场管理人员播放闭市提醒，劝导游客尽快离场；禁止市场内商户使用高音喇叭招揽顾客，对使用音响设备进行直播的游客及时劝阻。正因为民众的合理需求得到了有效回应，所以在问卷调查中，91.75% 的受访者认为游客多了对本地人日常生活没有影响或影响较小。

四、结论和建议

就社会参与和民生需求而言，"淄博现象"反映的城市发展与社会治理模式的做法为我们提供了"四共"经验。

（一）共创共赢的社会力量

在经济发展方面，社会力量通过投资、创业等方式，提供就业机会，促进产业升级和技术创新，推动城市的经济增长。在社会组织方面，社会力量组织和参与各种社会组织，积极参与社会组织的建设和管理，发挥自己的专业知识和资源，为城市的社会发展提供支持和帮助。在社会服务和监督方面，社会力量关注城市的公共事务，提供应急、卫生、环保等社会服务，为城市居民提供高质量的服务，通过政府工作监督和舆论引导，推动政府改革和进步，促进城市良好发展。

志愿服务在城市发展中发挥了重要作用。在社会责任感方面，志愿服务培养和增强了个人的社会责任感。通过参与志愿服务活动，人们能够意识到自己对社会的责任，并主动为社会做出贡献。在社区建设方面，志愿服务促进了社区的建设和发展。志愿者通过参与社区的各种活动，为社区提供各种支持和帮助，从而改善社区的环境和生活质量。在个人发展方面，志愿服务促进了个人的心理健康。通过帮助他人和为社会做出贡献，人们获得成就感和满足感，减轻压力和焦虑，提高幸福感和生活质量。在促进城市环保方面，志愿服务推动了城市环境保护，通过志愿者的参与，组织环境清洁和绿化活动，提高居民的环保意识和环境保护行为，改善城市环境质量，提升城市的生态环境，提升城市形象。

（二）共享共建的民生实践

烧烤作为一种具有社交性和娱乐性的饮食方式，满足了人们的需求，成为人们日常生活中不可或缺的一部分。疫情期间，人们的室外活动受到限制，外出就餐的需求减少。然而，烧烤作为一种户外就餐方式，符合人们对于户外活动的渴望；疫情期间，人们对于食品安全和卫生的关注度增加。烧烤作为一种现点现烤的烹饪方式，让消费者亲眼见到食材的烹饪过程，再加上政府对食品监管力度强，增加了食品的可信度和安全感。烧烤作为一种价格相对较低的餐饮方式，既满足了人们对于美食的需求，又不会给消费者造成过大的经济负担。同时，烧烤作为一种适合家庭、朋友聚会的餐饮方式，提供了一个轻松愉快的社交环境。人们在户外烧烤场所享受美食的同时，与亲友们进行交流和互动，满足了人们对于社交的需求。

"淄博现象"表明，淄博的民生建设正在经历一场积极的变革和创新，即从单一的政府供给转向多元主体共同创造美好生活；在进一步满足民众基本生活需求基础之上，迈向有效回应民众个性化、差异化的民生服务需求。个性化和差异化的民生服务需求，意味着不同人群有不同的需求和偏好，需要提供更加个性化和差异化的服务。这需要政府和其他主体能够更加灵活地调整和提供服务，以满足不同人群的需求。淄博准确把握和促进了民众需求从"物质消费"到"精神消费"，从"解决温饱"到"自觉环保"，从"被动获得福利"到"主动追求权利"的转变，从而使人民群众能够享受到符合自身需求的民生保障服务，增强民生保障服务的可获得性、可接近性和可接受性，创造人人参与、人人享有的民生保障格局。

通过对"淄博现象"及其连带效应的分析，我们提出如下建议：

（一）在社会参与方面，不断扩大志愿服务社会参与面和覆盖面

"淄博现象"体现出社会参与力量的多元化，职业覆盖面较广，但是在参与的比例上还有较大发展空间。扩大志愿服务的社会参与面和覆盖面对于社会的发展和进步具有重要意义。通过更多的人参与志愿服务，可以促进社会的和谐与稳定，提升个人的社会责任感和公民意识，促进社会公平与正义的实现，推动社会创新与发展。因此，应该在现有的基础上，积

极鼓励和支持志愿服务的发展，不断扩大其社会参与面和覆盖面。

要不断扩大志愿服务社会参与面和覆盖面，可以采取以下措施：第一，加强宣传推广。通过各种媒体渠道，包括社交媒体、电视、广播等，宣传志愿服务的重要性和意义，鼓励更多人参与其中。第二，建立志愿者网络。通过线上平台或社区组织等形式，将志愿者联系起来，共同参与志愿服务活动，扩大参与面和覆盖面。第三，提供培训和支持。为志愿者提供必要的培训和支持，提高他们的专业能力和服务水平，吸引更多人参与志愿服务。第四，建立合作关系。与政府部门、非营利组织、学校等建立合作关系，共同开展志愿服务项目，扩大服务范围和覆盖面。第五，引导社会资源。积极引导社会资源向志愿服务领域倾斜，例如企业可以提供物资支持，学校可以提供场地资源等，扩大志愿服务的社会影响力。第六，创新服务模式。探索创新的志愿服务模式，例如线上志愿服务、长期志愿服务项目等，以满足不同人群的需求，扩大参与面。

（二）在民生建设方面，增加对群众精神需求的服务

"淄博现象"体现了淄博政府在满足基本民生需求的基础之上，还能有效提供差异化的民生服务需求。从服务内容上来看，较为重视群众的物质需求，相对忽视群众的精神需求。在民生建设方面，增加对群众精神需求的服务是非常重要的。通过提供丰富多样的文化、娱乐等服务，可以提高人们的生活质量，促进人们的全面发展。

要增加对群众精神需求的服务，可以采取以下措施：第一，丰富文化活动和娱乐项目。组织各种文化活动、艺术展览、音乐会、戏剧演出等，提供丰富多样的娱乐项目，满足群众对艺术和文化的需求。第二，加强公共空间建设。改善公共空间环境，提供更多的休闲娱乐设施，如公园、图书馆、运动场等，为群众提供舒适的休闲场所。第三，建立完善民生服务体系。关注群众日益增长的民生需求，提供多方位服务，增加人民群众的社会福祉。

承续传统，贴近生活：
"淄博烧烤"爆火的文化思考

王加华　蒙锦贤 *

摘要：淄博烧烤之爆火是多种因素共同推动的结果，其中"文化"的因素亦不容忽视。作为齐文化的发源地并深受基于鲁文化发展而来的儒家思想之影响，历史上的淄博地区形成了诚信经营、仁义为本、开放包容的文化品格，淄博烧烤的"爆火"可谓处处体现出这些优良文化传统。与此同时，淄博烧烤的火爆还与其贴近民众生活、尊重民众生活传统、为民着想、以人为本的理念有着直接关系。"淄博烧烤"现象提醒我们，承续文化传统，贴近民众生活，激发经济发展内生活力，将是促进经济提速发展的重要抓手与推动力。

关键词：淄博烧烤 诚信经营 仁义为本 开放包容 贴近生活

---

　* 王加华，山东大学儒学高等研究院教授，研究方向为区域民俗学；蒙锦贤，山东大学儒学高等研究院民俗学专业博士研究生。

2023 年 3 月以来，淄博烧烤火爆全国，小饼、烤炉加蘸料的烧烤方式吸引了全国各地的游客"进淄赶烤""进淄补烤"，让这个位于山东中部、原本以重工业而闻名的城市受到全国人民的广泛关注。尤其是 2023 年"五一"期间，淄博更是成为全国最受青睐的旅游目的地之一，以至于淄博市不得不于 4 月 26 日发布了一封《致广大游客朋友的一封信》，劝导广大意欲"进淄赶烤"的游客"错峰出行、避免扎堆"。虽然"五一"高峰之后，淄博烧烤的火爆程度有所降低，但仍旧保持着一个比较高的受关注度，"八大局便民市场"等网红打卡地以及"海月龙宫"烧烤体验地等仍旧维持着比较高的人流量。

图 1 火爆的淄博烧烤（王加华 摄）　　　图 2 "进淄赶烤"（王加华 摄）

淄博烧烤"爆火"的原因何在？大学生的温情回馈、媒体平台的宣传带动、淄博烧烤好吃实惠、淄博市民热情好客、淄博市政府积极响应与引导，被认为是主要原因所在。在全国人民"进淄赶烤"的过程中，淄博市政府与广大民众所营造出的政通人和、诚信美好、开放包容、温暖和谐的城市人文形象，契合了当下民众对现代美好生活的向往，故而成就了游客与这座老工业城市的"双向奔赴"。

　　为了深入了解淄博烧烤的发展状况及其影响、淄博烧烤爆火出圈的原因等，2023 年 7 月间，在山东大学国家治理研究院的组织下，山东大学组建了由经济学、管理学、社会学、政治学等构成的 9 支调研团队，深入淄博展开深入调研。民俗学团队作为其中之一，一行 12 人于 7 月 5—7 号前往淄博做了实地调研，广泛访谈了烧烤店店主、工作人员、游客、市民等各类人员。下面就以本次调研所获资料及调研感受为主要依据，并参考其他调研团队所获资料与历史文献等，重点从"文化传统"与"民众生活"两个层面，对淄博烧烤"爆火"的背后原因略作思考。虽然目前有关淄博烧烤的探讨已有很多，但主要是经济学、管理学、新闻传播学等层面的讨论①，而从"文化"与"生活"层面展开的却非常之少，且有待深入②。

一、诚信仁义与开放包容：淄博烧烤现象背后的文化传统承续

　　淄博，山东省下辖的 16 个地级市之一，西邻济南，东接潍坊和青岛，地处鲁中山区和华北平原的过渡地带，拥有平原、山地、丘陵和盆地等地貌，孝妇河、淄河纵贯城区，有胶济线、张东线和辛泰线等铁路网，城乡公路四通八达，矿产资源丰富。淄博市现辖张店区、淄川区、博山区、周村区、临淄区、桓台县、高青县和沂源县等五区三县，市政府驻地张店区。不过，相比于张店，历史上更为知名的则是临淄、淄川、博山等县区。尤其是临淄，曾是西周、春秋、战国时期齐国的国都所在地。作为历史上齐国的最核心之地与齐文化发源地，淄博不可避免会被打上齐文化的深刻印记并受到齐文化传统的深刻影响。与此同时，秦汉之后，随着天下一统与本源于

---

　　① 具体如张培.地方政府应急管理能力与城市形象提升——基于"淄博烧烤"的案例分析 [J].四川行政学院学报，网络首发论文，2023-6-16；宋长善."小切口"撬动"大文旅"：淄博烧烤出圈的底层逻辑及其启示 [J].商业经济，2023(9)：42-44+161；何斌等.城市情感治理的内在逻辑及其过程机制——以"淄博烧烤"为例 [J].北京交通大学学报（社会科学版），网络首发论文，2023-7-31；汤培哲、王文炬.议题、凝视与狂欢："淄博烧烤"的网络出圈与其塑造的城市形象传播研究 [J].科技传播，2023(6)：7-10+14；等等。

　　② 比如，詹新惠.淄博烧烤"出圈"中的文化身影 [J].青年记者，2023(12)：125。

鲁文化的儒家学说变为占主导地位的统治思想，淄博的地域文化性格又不可避免会受到传统儒家思想的浸润与影响。总之，在长期的历史发展过程中，淄博地区既保留了齐文化的文化传统，亦浸润了基于鲁文化而发展起来的儒家思想之影响，即既重视崇德、诚信的商业传统，又强调仁义为本，而这在淄博烧烤的发展及相关运作上皆有明确体现。

（一）诚信经营

据《史记·齐太公世家》记载："太公至国，修政，因其俗，简其礼，通商工之业，便鱼盐之利。而人民多归齐，齐为大国。"①也就是说，齐国建立之初即确立了以"工商"与"鱼盐"为主的立国之策。为了保证工商业的良好发展，齐国建立了较为完备的市场管理与监督体系，统一进行场地、物价和债务的管理，还制定了稽查制度，专门稽查缺斤少两、假冒伪劣等不法行为。此外，齐国还注重商业道德建设，以营造安全文明的市场氛围，吸引各地商贾前来交易。诚信经营成为当时齐国商业发展所坚持的重要原则之一，注重诚信、崇德尚利和以人为本："既尚利，也崇德，大力倡导商业诚信，这是齐文化重商思想的鲜明特点。齐文化中的崇德思想，形成了齐人诚工、诚农、诚贾、信士的职业道德。注重在商业活动中持守诚信的道德，是齐国经济强盛的重要原因之一。"②

淄博烧烤的诚信经营，最有说服力的体现就是并没有因网络爆红而频繁出现欺客、宰客和"鬼秤"等诚信缺失现象，淄博的市场管理经受住了打假媒体人的考验。例如，"4月8日抖音大V博主摸底淄博10家烧烤摊位，发现没有一家店铺缺斤少两，淄博当地人实在真诚的品质再次把淄博

---

① 司马迁.史记 [M].北京：中华书局，1959，1480.

② 参见孙聚友.论齐文化的重商思想及其现实意义 [J].临淄齐文化研究中心编.齐文化与当代社会 [G]，济南：齐鲁书社，2008：91.

烧烤推上高热度"①。在此过程中，淄博市政府发挥了非常大的作用，发布了一系列政策规范，以营造并维护良好消费环境："发布规范经营者价格行为提醒告诫书，包括烧烤等商户执行市场调节价的，要依法合理制定价格标准，依法明码标价，不得拒绝或不履行价格承诺，不得随意涨价，严禁收取未标明的费用欺诈消费者等。"②这些振奋人心的做法，让老百姓感受到了淄博市政府的真心诚意。此外，淄博市政府不断完善诚信制度，出台了系列市场监管的措施，如出租车不打表、拒载、绕远的，只要打 12345 投诉立马停运；烧烤单位坑人骗人、收费不合理的立马关门。在此基础上，淄博烧烤便宜实惠、足斤足两的优势，也获得了广大网友的好评。正是政府和商家的共同努力，诚信消费环境得以形成，淄博的知名度也因此进一步转化为美誉度。③周村区海月龙宫烧烤城作为淄博烧烤的体验地，在食品安全、消防安全问题上十分严厉，要求商户必须鲜肉现串，不允许使用工

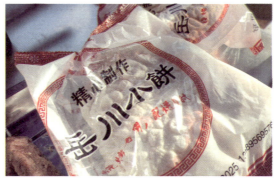

图 3 淄博烧烤及小饼

---

① 刘亚宁：《一文看懂"淄博烧烤"靠什么火爆出圈》，"钛媒体"（微信公众号），https://mp.weixin.qq.com/s?__biz=MjM5ODIzNTc2MA==&mid=2660972992&idx=1&sn=9685272afd46327d5d48d3463e8f7fa7，2023 年 4 月 22 日（浏览日期：2023 年 8 月 15 日）。

② 刘亚宁：《一文看懂"淄博烧烤"靠什么火爆出圈》，"钛媒体"（微信公众号），https://mp.weixin.qq.com/s?__biz=MjM5ODIzNTc2MA==&mid=2660972992&idx=1&sn=9685272afd46327d5d48d3463e8f7fa7，2023 年 4 月 22 日（浏览日期：2023 年 8 月 15 日）。

③ 曾博伟．淄博旅游作为现象走红的七种武器，新旅界，https://www.lvjie.com.cn/dongshiz/2023/0429/29059.htm，2023 年 4 月 29 日（浏览日期：2023 年 8 月 15 日）。

厂流水线生产的冷冻型竹签肉串，一旦发现某商户存在缺斤少两、食品变质、食物不分类储存、存在消防安全隐患等现象，将会采取关店处理，并更换新的商家入驻。如今烧烤城的运营已经常态化，管理层也积极研究和制订精细化的标准，进一步规范小饼的软硬程度、肉串的分量和肉粒数量等。[①]

淄博市从老工业城市摇身一变成为网红旅游城市，大量游客接踵而至，淄博人民亦倍感自豪。于是当地民众为了维护心中的自豪感和荣誉感，自发地进行市场监督，自觉维护淄博的城市形象；新成立的烧烤协会，也是为了维护淄博烧烤的荣誉，而非纯以赚钱为目的。这些措施的出台使得消费者吃烧烤在有参与感的同时，也获得了安全感。总之，淄博烧烤的热度之所以能够持续不减，离不开政府、商户和普通民众的共同维护。真心诚意地服务好游客，已经成为淄博人民的默契，温暖着每一位外来游客，各地民众都渴望能够体验被真诚对待、可以放心消费的消费环境。2023 年 8 月初，国家发展改革委办公厅、中国人民银行办公厅联合下发《关于印发第四批社会信用体系建设示范区名单的通知》，淄博市被确定为第四批社会信用体系建设示范区[②]，就是对淄博践行诚信理念的最好注解与说明。

（二）仁义为本

作为西周与春秋战国时期齐国的邻邦，鲁国作为周公后裔所建立之诸侯国，与齐国形成了非常不同的文化传统。"'齐文化'的主要特征是善于权变，崇尚力量和智慧，注重商业利益，具有尚武精神、侠义精神和扩张欲望；'鲁文化'的主要特征崇尚礼仪和秩序，讲仁义和诚信，重义轻利，本分自守。"[③]不过，虽然表面看来，齐文化与鲁文化中都有"诚信"的因

---

① 据淄博市海月龙宫烧烤城管理处王哲主任访谈资料。访谈人：王加华、龙圣；访谈时间：2023 年 7 月 5 日下午；访谈地点：海月龙宫烧烤城管理处。

② 田泽文：《再添"国字号"金名片！淄博入选全国社会信用体系建设示范区》，大众网：https://sd.dzwww.com/sdnews/202308/t20230808_12519599.htm，2023 年 8 月 8 日（浏览日期：2023 年 8 月 10 日）

③ 刘德增编 . 解读山东人 [M]. 北京：中国文联出版社，2006：228.

素在里面，但就其产生基础来说，却有很大的不同，正如冯华所说的那样："齐人的诚信与鲁人不同的地方在于从商业贸易发展来的契约精神。鲁国以礼治国，其诚信是建立在父慈子孝、兄友弟恭基础上的，其诚信具有浓厚的伦理性；齐以工商立国，其诚信是建立在互利互惠基础上的，其诚信具有契约性。"①公元前221年，秦终灭六国而一统天下，齐、鲁由诸侯而郡县。西汉武帝元光元年（前134年），董仲舒提出"罢黜百家，独尊儒术"的建议并被汉武帝所接受，由此基于鲁文化而创立的儒家思想成为主导思想。另外，在经济层面，则最终确立了以农立国、重本抑末的基本国策并被此后历朝历代所奉行。在此大背景下，齐、鲁文化的融合势在必行。齐、鲁之间文化的融合，其主流是齐文化认同于鲁文化。

儒家思想的内核可用"仁""礼"二字来概括，其中"仁"的本意在于强调人与人之间的亲和关系，"仁者爱人"则倡导博爱的精神并上升为个人的道德品格和社会理想。儒家思想仁义礼智信、温良恭俭让的处世之道，修养兼容并包、豁达开放的为人胸襟，强调推己及人、宽厚待人，形成了注重仁义道德的文化传统，塑造了山东人朴实、正直、讲求实际、互助的性格，山东人以"实在"自称，以仁义、宽厚待人，而"淄博在2023年出圈的原因其实就是'仁义'二字，淄博烧烤的背后是'仁义经济'"②。"'淄博烧烤'现象中所折射出来的诚信友善，既是仁义礼智信传统文化的传承，又与市场经济的要求相契合，更是与社会主义核心价值观高度一致，因此具有明显的感染力、亲和力和影响力"③。真心真诚、互相帮助是"淄博烧烤"现象向社会传递的正能量，践行了中国特色社会主义核心价值观所倡导的文明、和谐、诚信和友善等理念。

---

① 冯华主编.鲁商文化与中国传统经济思想[M].济南：山东人民出版社，2010：266.
② 刘建军：《淄博：从"烧烤之都"到"仁义之都"》，腾讯网，https://new.qq.com/rain/a/20230503A01BJG00，2023年5月3日（检索时间：2023年8月15日）
③ 汪自成：《讲好中国故事：把"淄博烧烤"烤成"淄博印象"》，光明网，https://www.gmw.cn/xueshu/2023-05/09/content_36549545.htm，2023年5月9日（检索时间：2023年8月15日）

儒家文化塑造了山东人仁义的性格，程咬金、梁山好汉的故事又为山东人增添了侠义、英勇、热情和豪爽的品性，山东人的热情好客、仁义豪爽的鲜明性格，赢得了全国民众的赞许。"淄博烧烤"现象再次让各地游客感受到山东人的良好品德，淄博市民向全国人民展示了山东人的待客之道，彰显了"好客山东"的魅力。山东好客的习俗由来已久，齐桓公广招天下学士，开办"稷下学宫"，推崇百家争鸣的学术氛围；孟尝君礼贤下士，食客有数千人之多；隋唐英雄、梁山好汉更是英雄集聚、仗义结拜……历代山东人以豪情仗义的姿态广交天下朋友，共同构成了山东特有的好客文化。如今"好客山东"已经成为著名的旅游文化品牌，昭示着"有朋自远方来，不亦乐乎"①的宽阔胸襟，甚至淄博烧烤的形式也有独特的文化内涵："葱"代表北方人的豪爽，"小饼"代表淄博人的包容，淄博人民既有葱的辛辣和豪爽，又有小饼的包容。

淄博市民真心待人、用真诚感人，"进淄赶烤"的游客之间也真诚相待，互相帮助，关系融洽，游客之间互相搭车、共同拼桌，虽然来自不同的地方，但都在做着同一件事，目的非常单纯，群体与群体、个人与个人之间互相促进感情、结识朋友。为了让外地游客吃上烧烤，淄博本地人纷纷被"劝退"而无任何怨言。游客找不到住处，大家帮忙订酒店，甚至当地人会邀请游客住到自己家里。例如，李爱花（74岁）的儿子开着一家夫妻烧烤店，"五一"假期期间顾客非常多，当时有两位从济南来的女大学生找不到旅馆住，老板便安排两位女学生到自己母亲家里住了一晚。第二天早饭时老人家还特意给两位女大学生包了水饺——山东人招待贵客必不可少的食物之一。当被问及是否收钱时，李爱花表示："不收钱！成年日辈不来一回，互相不认识，咱还收人家钱？给你十块钱你要啊？"还说"住旅馆是旅馆，来咱家咱不兴这个。咱也有孩子，咱这孩子上大学，人要是干啥，碰上个好心人，不也是叫

---

① 孔子.论语[M]，杨伯峻、杨逢彬注译，长沙：岳麓书社，2018：4.

咱孩子啥，一个道理啊"。①

其实外地游客和淄博本地人都明白，其他地方的烧烤食材和味道并不见得就比淄博烧烤差，因此游客到淄博并不是单纯地奔着烧烤而来，而是来感受淄博人的热情，体验人与人之间的友好与温暖的社会氛围，所以"好客"二字无疑是淄博旅游成功的关键。对此，人民财评指出："淄博烧烤爆火之中，最令人感动的无疑是当地淳朴善良、热情好客的市民群众。志愿者走上街头帮助引导游客、烧烤店主诚信经营维护良好形象、铁路工作人员把热情服务做实做细、普通群众自发为外地游客送礼物。"② 为了给外地游客提供足够的就餐位，本地人周五到周末不去吃烧烤；为了让游客有住宿的地方，淄博全市的青年驿站半价或免费提供给学生入住，更是有市民主动邀请游客到自己家里住，让外地游客获得了宾至如归的体验。短视频的创作者和传播者被当地人的热情所温暖和感动，更加积极主动地创作和传播淄博的人文美好，"正是因为在这个受人尊重且被热情接待、不被歧视与欺诈、有求必应且充满人情味的地方，游客体验到了安全感、信任感、被尊重感、轻松感和享受感，因此淄博成了游客们舒缓情绪、放松心情和享受快乐生活的舞台"③。

（三）开放包容

与农业生产固处一地、安土重迁不同的是，商业发展的一大特点就是"流动性"。前已述及，姜太公在建国之初便根据齐地"地泻卤，人民寡"的不利条件确立了以工商立国的国策。而商业的流动性，既要求本国的商人走出去，又需要把外国的商人引进来。《管子》曰："通齐国之鱼盐东莱，

---

① 访谈对象：李爱花，张店区商园社区居民，女，1949 年生；访谈者：王加华、蒙锦贤、国先翼、王琪；访谈地点：山东省淄博市张店区商园社区；访谈时间：2023 年 7 月 6 号下午。

②《人民财评：淄博烧烤爆红，靠的是为消费者着想》，人民网，https://baijiahao.baidu.com/s?id=1765106506680319796&wfr=spider&for=pc，2023 年 5 月 6 日（浏览日期：2023 年 8 月 15 日）

③ 汪自成：《讲好中国故事：把"淄博烧烤"烤成"淄博印象"》，光明网，https://www.gmw.cn/xueshu/2023-05/09/content_36549545.htm，2023 年 5 月 9 日（检索时间：2023 年 8 月 15 日）

使关市几而不征，壥而不税，以为诸侯之利，诸侯称宽焉。"①即榷关和市场稽查不征税、存放货物不加杂捐。此外，还提供优惠条件招徕各国客商前来做生意，"为诸侯之商贾立客舍，一乘者有食，三乘者有刍菽，五乘者有伍养"，于是"天下之商贾归齐若流水"②，"是以邻国交于齐，财畜货殖，世为强国"③。而这种走出去、引进来的商业发展之策，大大提高了齐国的开放性，使齐文化形成了强调开放的文化特质。这一开放性的文化性格，一直在淄博地区保留下来，立于今周村古街上的"今日无税"碑就是生动见证。周村之所以能于清光绪三十四年（1904），成为当时我国内陆开埠较早的城市之一，就与其开放的商业传统紧密相关。而与商业发展的开放性紧密相关的则是包容性，这在齐国立国之初就已有体现。如姜太公到达齐地后，并没有对土著东夷人的传统习俗等做强制性"革除"，而是"因其俗，简其礼"④，也就是对当地人的文化传统采取了包容、认同的政策。这得到了东夷人及其他国家民众的欢迎与支持，于是"人民多归齐，齐为大国"。总之，在齐国八百多年的发展过程中，形成了以开放、务实、包容的文化特质。而正是基于开放、包容的文化特质，才在当时的齐国首都临淄诞生了稷下学宫。稷下学宫，是齐文化开放、包容特质的集中体现与伟大成果：天下贤士会于临淄，诸子百家兼容并包，学术自由，思想多元，相互争鸣，彼此融合，开创了百家争鸣的文化与思想盛景。而这种开放、包容的地域文化传统，在今天的"淄博烧烤"中亦有明显体现。

作为一种饮食方式，烧烤可谓毁誉参半：既为广大民众所喜欢，又因易于造成环境污染等而饱受质疑。尤其是近些年来，有些城市为了创建国家卫生城市与全国文明城市，以"影响环境和空气质量"的名义将广大烧

---

① （春秋）管仲：《管子》卷八《小匡》，民国八年上海商务印书馆四部丛刊景宋刻本。
② （春秋）管仲：《管子》卷二十四《轻重篇》，民国八年上海商务印书馆四部丛刊景宋刻本。
③ （汉）桓宽：《盐铁论》卷三《轻重》，清乾隆五十年至嘉庆四十年兰陵孙氏刻岱南阁丛书本。
④ （汉）司马迁：《史记》卷三十二《齐太公世家》，中华书局，1959年，第1480页。

烤摊关之大吉。但在这种大背景下，淄博却成为"逆行者"，烧烤不但"合规"，还出台了各种扶持政策。① 比如，政府主导成立了烧烤行业协会；出面协调，开通从济南到淄博的"文旅专列"；设立21条"淄博烧烤"公交专线，连接主城区主要的烧烤门店；为当地个体工商户、小微企业等提供"烧烤贷"等特色专项普惠金融产品；出台了规范烧烤市场的各种禁令，比如不允许出租车司机拒载乘客，不允许涨价，不允许缺斤少两；与高校及研究机构合作，积极进行烧烤烟气处理与排放改造。工商、行政、文旅、社会治安、食品安全、消防安全等所有部门联动，合力开展"烧烤护航行动"，强化烧烤行业的市场化管理，包括店铺管理、酒店管理、食材管理、质量管理和价格管理等。交警、城管等部门的系列措施，更是让人大呼"不可思议"：交警不贴罚单，反而为游客保驾护航了；城管不驱赶商贩了，反而帮助摊贩摆摊了，甚至有将烧烤摊摆到城管局门口的。这些措施的实施，无不体现出淄博市政府的"宽容"与"包容"。

图4 获得发明专利的淄博烧烤烤炉（王加华 摄）

此外，为了更好地促进淄博烧烤的发展，淄博市政府与相关管理部门，积极践行古代齐国"走出去，引进来"的商业发展策略。走出去，淄博市文旅局局长宋爱香带领淄博下辖10个区县、功能区的文旅局局长，登上由济南西站出发的列车，为淄博

---

① 需要注意的是，淄博也曾在2019年4月17日发布了《建立全市扬尘污染防止工作长效机制的实施意见》，禁止在全市范围内进行露天烧烤。

烧烤以及周村古商城等 33 家热门景区"代言"。① 开展"淄博烧烤中国行"活动，让淄博烧烤走出淄博，走进全国各地民众之中。比如，2023 年 7 月 7 日至 17 日，淄博市高新区个体私营企业协会、淄博高新区个私协烧烤协会等就与武汉汉口镇运营管理有限公司联合组织了淄博烧烤武汉行活动，在汉口北国际贸易城汉口镇·戏码头广场上迎接湖北的食客们。② 引进来，首先是各地的物资被"引进来"，来自河南、河北、安徽、江苏、辽宁以及山东其他地市的牛羊肉等各种肉类、小饼、面酱、小葱、啤酒等被纷纷运入淄博，让淄博烧烤"咬一口吃遍半个华北"③。更重要的则是各地游客的引入，为此淄博市政府做足了功课，采取了如同古代齐国减税、立客舍等措施。增开"文旅专列"与烧烤专线不再赘述，还有一系列措施彰显着淄博的"开放性"：200 多家党政机关事业单位免费向游客开放停车场；在校大学生来淄博吃烧烤，可享受淄博 38 处青年驿站提供的"每年 4 次、每次 5 天"的半价入住优惠政策；为了让游客在吃烧烤的同时能有很大的"娱乐性"，于海月龙宫烧烤城举办"慕思淄味烧烤音乐会"等音乐节，同时积极引入驻唱歌手，为游客营造欢乐的氛围。总之，系列"走出去""引进来"的措施，使淄博烧烤维持

图 5 "海月龙宫"烧烤城驻唱（王加华 摄）

---

① 《坐上专列吃烧烤！淄博文旅局长们组团解锁新惊喜》，《大众日报》2023 年 4 月 9 日。

② 雷原、夏若尧：《家门口也能"赶烤"！"淄博烧烤中国行"来武汉啦！》，极目新闻，http://www.ctdsb.net/c1666_202307/1816514.html，2023 年 7 月 5 日（检索时间：2023 年 9 月 2 日）。

③ 梁鸿宇.从数字货运看淄博烧烤 咬一口吃遍半个华北 [J]. 中国储运 2023(6)：50.

了火爆的局面，彰显了齐文化与淄博的"开放""包容"品格。

二、贴近生活，以人为本：淄博烧烤的"烟火气息"

承续齐鲁文化传统中诚信、仁义、开放、包容的文化品格，淄博烧烤走出了一条自己的特色爆火之路。与此同时，淄博烧烤爆火并非偶然，而是有其发展根基的。这其中最为重要的一个面向即是与民众生活紧密相关并融入民众生活之中，契合了淄博当地乃至全国各地民众生活之需要。在此过程中，淄博市政府及相关部门则因势利导，以人为本、为民着想，深刻体现出中国古代儒家思想所强调的"民为邦本，本固邦宁"的理念。

鲁菜，我国八大菜系之一，在全国各地具有极大的影响力。而在鲁菜内部，又因地域的差异而分为了不同类别，如博山菜、济南菜、胶东菜、孔府菜等。其中博山菜，既是山东亦是淄博的一张味觉名片，主要特色菜有博山炸肉、豆腐箱子、酥锅、烩菜、丸子等，尤其又以四四席（即四冷盘、四行件、四大件、四饭菜）而著称。而在以博山菜为代表的淄博美食中，烤肉又是其中的重要代表。作为淄博地区久负盛名的美食，博山烤肉的制作方法源自北魏贾思勰《齐民要术》中的"炙豚法"，特点是皮酥肉嫩、味道醇香。[1] 早在清道光年间，博山地区就出现了大量的肴肉铺，其中广受欢迎的有远馨斋、福盛斋、远兴斋、三胜斋、振兴斋等。这些肉铺，以经营烤肉为主，兼营火腿、香肠、焖鸡等菜肴。1874 年，创办福盛斋烤肉铺的宗太海，改章丘传统整猪烤肉法为条块烤法，并以木香熏烤。他炮制的条块烤肉皮酥肉嫩，肥而不腻，味道清香醇厚，是博山的名吃之一。对此，曾有顾客赋诗赞曰："颜神风物四海扬，山城盛馔异寻常，最是游人迷恋处，难得古镇烤肉香。"[2] 1905 年左右，博山"远兴斋"烤肉店店主钱振远，在一次肘子过油时，发现肘皮爆花后，肉味更加鲜美，遂改大烤为小烤，改

---

① 李烨、张广海.博山菜的饮食文化特点——以博山四四席为例 [J].管子学刊，2016(2)：96-100.

② 山东省出版总社、淄博办事处编.淄博风物志 [G].济南：山东人民出版社，1985：160.

普通木柴为果木劈柴烤制，烤出的肉皮酥肉嫩，气味悠香，食而不腻，颇受食客欢迎，博山烤肉由此誉满山城。后来博山陆续出现了十多家烤肉铺，烤肉经营大盛。1954年，淄博食品公司成立，博山烤肉开始公司化生产。将活猪用热水屠净鬃毛，劈成两片，放在阴凉透风处晾干，然后剔骨，割掉四根腿和肚底，扒掉板油，再按长15到30厘米、宽约5厘米的规格分割，放入盐、花椒皮，加水浸泡40分钟，取出晾4至5小时后，进烤炉，用无烟的苹果木、柿子木、软枣木、香椿木、花椒木等为烤柴，柏木、松木等有邪味的木柴禁用，经3.5至4小时烤炙即可。[①]1982年，博山颜山牌烤肉获商业部优质名特产品奖，1984年又再次获得这一殊荣。[②]

图6 博山名菜"豆腐箱子"（王加华 摄）

今天意义上的"淄博烧烤"约出现于20世纪80年代，新疆烤羊肉串是人们对于当时烧烤的最早记忆，也是烧烤在淄博发展的最初形态。最早形态的"淄博烧烤"是竹签烤肉，由卖烧烤的小贩骑着自行车、带着炉子四处叫卖，肉串非常小，几毛钱一串。"1990年以前就陆续开始有（烧烤）了，那时候很多就是推着小烧烤炉，用车子拉着，在学校门口，烤给学生吃。1995年前后有了烧烤店，1998年俺初中毕业聚餐去吃羊肉串的时候就有小饼了。"[③]但受当时经济条件的影响，竹签烤肉超出了普通大众的消费水平而并未成为普通人饮食消

① 淄博市志编纂委员会. 淄博市志[G].北京：中华书局，1995：862.

② 山东省淄博市博山区区志编纂委员会编. 博山区志[G].济南：山东人民出版社，1990：154.

③ 被访谈人：何玉鹏，1981年生，山东省淄博市周村区海月龙宫烧烤城某门店老板；访谈人：姬厚祥；访谈地点：淄博市周村区海月龙宫烧烤城；访谈时间：2023年7月5日下午。

费的重要组成部分。正如淄川市民孙传胜所说："让老百姓能够感受到烧烤是近几年的事情。早些时候，应该都是属于有钱人家才有的东西，老百姓吃不起。"① 直到 1990 年代末期，淄博的饭店仍以炒菜为主，烧烤只是饭店经营的品类之一，尚未出现专门从事烧烤的商家或店铺。但 2000 年以后，随着经济的发展与民众消费水平的提高，烧烤开始逐渐进入大众的生活。淄博本地人在夏天都习惯到烧烤店撸串，烧烤也往家庭化的方向发展，成为家庭聚会的重要饮食方式，由此烧烤成为当地人日常生活的重要组成部分。每到夏天，大家都会到小区附近或商圈的烧烤摊喝啤酒、撸串。而对于 1990 年以后出生的淄博当地人来说，他们从小就沉浸在吃烧烤的氛围里，烟火气就是这座城市的夏天，"一蘸一卷一撸"动作也再平常不过。对淄博民众来说，烧烤已是刻在骨子里的生活习惯，就像成都人泡在茶馆、广东人吃半晌早茶。因此，2023 年 3 月以后淄博烧烤的"爆火"，并非毫无根基："淄博烧烤的爆火就是抓住了当地人特有的生活基础……淄博人自己本身就喜欢吃烧烤，很多在外地工作的人，回到淄博也至少要吃一次烧烤，这就是当地的文化消费习惯，这是淄博的味道。"② 试问：如果一个东西，当地人都不认同，又怎么能够吸引游客呢？很多淄博当地的受访人都提到，当地流行的饮食习惯是夏天吃烧烤，冬天吃火锅。在一年之中的特定季节里，每个月总会吃那么三四次烧烤。这一点，也被社会学组所做的统计资料所证实，近三分之一的受访者"经常"将烧烤作为用餐方式。

淄博烧烤爆火之前，烧烤摊的分布较为松散，淄博城乡街道和商业区都有烧烤摊零星分布，没有形成较为聚合的"烧烤城""烧烤街"。一方面，

---

① 访谈对象：孙传胜，男，1976 年生，山东省淄博市淄川人，月亮猴烧烤店店员；访谈地点：山东省淄博市淄川区月亮猴·老宋家大串烤肉店；访谈时间：2023 年 7 月 6 号下午；访谈者：林海聪、蒙锦贤、国先翼、王琪。

② 贾骥业. 淄博烧烤现象级出圈，带来哪些思考 [N]. 中国青年报，2023-4-25(5). http://zqb.cyol.com/html/2023-04/25/nw.D110000zgqnb_20230425_1-05.htm（浏览日期：2023 年 8 月 15 日）

烧烤摊主要服务于小区住户，忙碌一天的居民们乐于在小区楼下就近选择一家烧烤摊"撸串"，酒足饭饱后直接回家休息，这样的烧烤体验对住户来说极为方便，因此也诞生了很多经久不衰的知名老店，如位于淄博市张店区名博新城小区、齐悦国际小区旁边的喜洋洋烧烤，以及位于淄博市淄川区山水缘小区附近的满汉烧烤等。另一方面，城市商圈内的烧烤摊主要服务于较为年轻的消费者，城市的中青年男女乐意将购物和吃烧烤接续进行。由于商业区租金较贵，这类烧烤摊的烤串价格也相对偏高，但烤串种类更为多样，如张店区山东理工大学附近水晶街的正味烧烤、淄川区吉祥广场商业圈老宋家大串烧烤等。2023 年年初淄博烧烤火爆全国后，淄博地区形成了以海月龙宫和牧羊村为中心的两大烧烤聚合点。"五一"节之后，虽然人流量有所减少，但海月龙宫的每日人流量仍维持在万人左右。

与以炒菜为主的桌餐相比，"撸串"的最大特点在于轻松、自由、无拘无束，大家围炉而坐，边吃边聊，不经意间加深了彼此间的情感。而这正是烧烤广受青睐的重要原因之一。因此，关系亲近的人一起撸串聊天，成为广受人们欢迎的饮食方式之一。如当被问及"您通常在哪些场合选择烧烤"时，89.61% 的受访者选择"朋友聚会"，另有 63.64% 的受访者选择"家庭聚餐"（经济学组问卷数据统计）。社会学组的问卷亦显示，和朋友、家人吃淄博烧烤的人群选择比例分别为 79.2%、86.52%。而这亦是烧烤贴近民众生活的主要表现之一。当然，2023 年淄博烧烤爆火之后，这种状况开始有所改变。一是大量淄博之外的公司等会到淄博来进行团建而吃烧烤；二是许多淄博当地人家有外地亲戚前来，基于淄博烧烤的盛名，也会将烧烤作为招待亲友的方式，而这在以前是不被接受的，因为在人们的观念中，烧烤是家人之间、朋友之间"非正式"的用餐方式。

上已述及，烧烤是淄博当地人日常生活中的重要组成部分之一，是贴近、深入民众生活之中的。而从民众生活的角度来说，淄博烧烤之所以能爆火，除网络宣传、当地政府积极造势与引流等原因外，以人为本、贴合民众生活日常习惯、满足了民众日常生活所需亦是重要原因。由此，淄博烧烤由当地人的"日常生活"而变为了全国各地民众"生活"的组成部分，至少在心理上成为全国各地人们日常生活的组成部分之一。具体来说，淄博烧烤对民众生活的满足，主要体现在如下几个方面：

首先，淄博烧烤契合了新冠肺炎疫情之后人们的"报复性"消费心理与网络信息化时代"蹭热点"的猎奇心理。一方面，随着人们生活水平的日渐提高，人们的饮食消费心理早已实现了从"吃得饱"到"吃得好""吃得舒心"的转变。延续三年的新冠肺炎疫情，将绝大多数人"隔离"在当地而无法"肆意"外出与享受美食。2023年年初，新冠肺炎疫情终于趋于平稳，人们压抑了三年的消费热情也终于爆发出来，全国各地出现了所谓的"报复性消费""报复性旅游"热潮。在此背景下，在抖音、小红书等的广泛传播下，淄博烧烤自然进入了人们的视野并受到广泛关注。另一方面，随着信息化与自媒体的发展，"蹭热点""猎奇"越来越成为一种生活的时尚。网络平台的传播，使得全国各地的民众都知晓了淄博烧烤，于是很多人都抱着"蹭热点""引关注"的心理，前往淄博"打卡"，就像去著名旅游景点拍照一样，去做大家都知道、都想做却没有实现的事情。当回答为何前来淄博吃烧烤时，"热度很高，想去尝尝"的选项获得了35.65%的认可度，就是一个明证。与此同时，网络平台不断传播"山东人民热情好客""山东人诚信友善""山东人豪爽""山东食物分量很大""淄博烧烤好吃且很便宜""淄博市政通人和"等印象。由此，"淄博"成了一个和谐美好的文化符号，与人们在现实社会中遇到的狡猾奸诈、冷漠尖酸的商家，价格贵且分量小的食物等形成较大的反差。网络传播中的"淄博"形象，已然是无数人心中的"理想国"，每一位前往淄博吃烧烤的游客都带着一份美好且崇高的期望，他们渴望去证实和享受美好、感人和热情的烧烤氛围。

其次，淄博烧烤价格低廉，契合了绝大多数民众的消费能力与需求。

如当被问及"您觉得淄博烧烤吸引您的是什么"时，"淄博烧烤价格不贵"获得了 70.54% 的认可度（见社会学组调查问卷统计）。淄博烧烤最初吸引的主要人群是驻济南高校的学生。济南到淄博，高铁最快只需 20 多分钟，票价最高 40 元钱，普通列车更是只需十几元钱，完全可以来一趟说走就走的烧烤之旅，而人均三四十元的消费金额，亦完全在广大学生党的承受能力之中。如山东艺术学院的一位大学生，晚上 10 点半突然想去淄博吃烧烤，便直奔济南大明湖火车站，凌晨 2 点赶到淄博，3 点吃上烧烤，一直吃到 6 点，然后 8 点左右即回到了济南。[①] 笔者随机问询了所在研究所 4 月份之前去淄博吃过烧烤的在读研究生，亦对淄博烧烤的"亲民价格"印象深刻。就团队实地调查来看，淄博烧烤的价格，猪肉、牛肉、羊肉等串一般在两到三元左右。以海月龙宫烧烤城为例（整个烧烤城，价格统一），羊肉、牛肉、大片五花 3 元 / 串，牛板筋 2.5 元 / 串，精肉、五花肉、牛里脊 2 元 / 串，

图 7 淄博烧烤价目表（姬厚祥 摄）

①《济南山艺大学生晚上十点半出发去淄博吃哈尔滨烧烤，早八点回到济南》，秀才论坛，https://baijiahao.baidu.com/s?id=17598994403181553124&wfr=spider&for=pc，2023 年 3 月 9 日（浏览日期：2023 年 8 月 20 日）。

作为灵魂三件套的大饼 4 元 / 包、蒜蓉辣酱 4 元 / 份。而据调查团队的实地体验，与位于郊区的海月龙宫烧烤城相比，位于市区居民区等旁边的烧烤点，价格还要更为便宜，味道也更好一些。淄博烧烤的主要消费者是山东各地的民众，其次是北京、江苏等邻近省份游客。人们主要是在朋友聚会、家庭聚餐的场合选择吃烧烤，最关心的是烧烤的口味、价格和安全，至于服务和环境都是其次的；味道好、价格不贵、民风热情和用餐氛围好则是外地游客认为淄博烧烤能够火爆的原因。

再次，形式新颖，体验感强。与其他地方的烧烤相比，淄博烧烤的一大特色就是需要顾客自己动手。商家先将各类烤串烤到七八成熟，然后再由顾客在专用的小炉子上进行自我烤制，边享受美味边体验劳动的乐趣。而这是淄博烧烤特别吸引人的地方之一，97.06% 的消费者表达了对这种烧烤方式的喜爱。与此同时，淄博各烧烤店对烤炉亦做了专门处理：两侧放置已在养碳炉处理好、不会再冒烟的炭火，中间有一水槽，烤串的油脂直接滴入水中而不会产生油烟，有利于消费者身体的健康。烤炉有上下两排烤架，下层烤架用于烤制肉串，上层烤架放置烤好的肉串，可起到保温作用。据海月龙宫烧烤城管理处王哲主任介绍，这款看似普通的烤炉曾获得发明专利。此外，形式新颖也是淄博烧烤吸引消费者的一大因素，"小饼+烤串＋蘸酱"的吃法，80.4% 的消费者表示"非常喜欢"。而为了让广大顾客"解锁"正确吃法，海月龙宫烧烤城专门制作了吃法教程"淄博烧烤正确打开方式"，介绍了淄博烧烤的两种特色吃法。各烧烤商家也极力宣传、推广淄博烧烤的特色吃法，如位于八大局便民市场的小晚耍烧烤店就专门在店内房间制作了宣传牌，上写："淄博吃法不一样：小饼夹小葱、蒜蓉辣酱和蘸料，配着热乎乎的烤串，闷上一口，可太好吃了！"烧烤加小饼的消费方式，做到了"菜"与"饭"的结合，使顾客在体验新颖吃法的同时，很快就能填饱肚子。这也是淄博烧烤相对于其他烧烤价格要相对便宜一些的原因之一，毕竟小饼总比肉食便宜得多。

　　最后，淄博市政府真正做到了以人为本、为民着想，这也是淄博烧烤之所以能获得广大游客青睐的原因之一。姑且不论政府出台的各种管理规定，单是《致山大学子的一封信》《致全市人民的一封信》《致广大游客朋友的一封信》，就让人们对淄博的好感度大大拉满。这三封信的最特别之处，即在于体现出深深的情谊与以人为本、为民着想的理念。再比如各烧烤店与相邻公交线路的发布、由淄博火车站南广场等处出发的定制公交线路等，让外地游客很容易即可到达各烧烤店。这些措施，虽然是为了吸引更多的游客"进淄赶烤"，但也真正体现了政府为人民服务、以人为本的理念。对外地游客来说，淄博烧烤的小炉、蘸酱、小饼都让人耳目一新，于是各地网友纷纷"申请出战"，就是要体验淄博当地人的市井生活和风土人情。正如汪自成所言："游客在淄博真切感受到热情而获得被尊重感、因着诚信而产生信任感、无须过于防范而带来的轻松感、惬意体验市井生活而得到的享受感、'码上说'和'马上办'所带来的安全感，进而形成

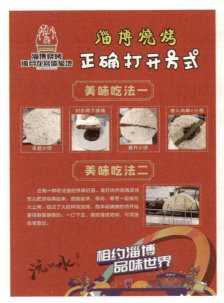

图 8　淄博烧烤特色吃法（王加华 摄）

了游客的满足感。"①

图 9 社区获赠锦旗（蒙锦贤 摄）

三、结语

　　烧烤到处都有，文化独一无二。淄博接续齐鲁文化的双重传统，具有得天独厚的文化基础，齐文化倡导人本、务实、诚信、多元、开放、包容的优良品质，形成了注重诚信经营的商业传统，而鲁国继承宗周礼乐文化，发展出朴实、仁义、友善、忠厚的处世之道，齐鲁文化共同塑造了山东人热情好客、诚信友善的性格，孕育了独具特色的地域文化和民俗传统。淄博烧烤正是在这一文化背景下发展、爆火并走向全国的，以烧烤这一"小切口"撬动了"大文旅"，促进了整个淄博市文旅产业的大发展。②"淄博烧烤"现象体现了人与人之间、人与城市之间的双向奔赴，其背后的核心

---

　　① 汪自成：《讲好中国故事：把"淄博烧烤"烤成"淄博印象"》，光明网，https://www.gmw.cn/xueshu/2023-05/09/content_36549545.htm，2023 年 5 月 9 日（浏览日期：2023 年 8 月 15 日）

　　② 宋长善."小切口"撬动"大文旅"：淄博烧烤出圈的底层逻辑及其启示 [J].商业经济，2023(9)：42-44+161.

理念是诚信经营、仁义为本、开放包容、贴近生活与为民着想。从促进经济发展的角度来说，如何在接续传统的基础上，让经济发展与民众生活结合起来，促进经济发展的内生动力，是一个值得我们深入思考的问题。今天，受整体国际大环境的影响，我们在做好经济发展外循环的同时，更要做好经济发展的内循环。另外，加强马克思主义与中华优秀传统文化的深入结合，促进中华优秀传统文化的创造性转化与创新性发展，对于建立中国特色社会主义、推进中国式现代化落地具有极为重要的价值与意义。在这方面，淄博烧烤可谓是给我们提供了一个重要案例。接下来，如何让淄博烧烤由"一炮走红"变为"长红"，如何避免网红现象"昙花一现"的危机，淄博该如何因势利导、借由淄博烧烤的爆火而促进经济发展、实现经济转型，都是我们值得深思的问题。

附录 1 《致全市人民的一封信》

亲爱的市民朋友们：

　　淄博烧烤爆红出圈，红出了淄博这座城的古韵新颜，燃起了我们淄博人"心往一处想、劲往一处使"的精气神。有"淄"有味有情谊，您的贴心细心耐心，让天南海北的游客放心暖心舒心。谢谢好客又"让客"的您！

　　最是一城好风景，半缘烟火半缘君。烧烤出圈，美在"淄"味，更美在淄博人。您的热情比火炉更炽热，鲁 C 车主自觉礼让外地车辆，暖心大姨主动为排队游客分发灌汤包，商家店主自发提供免费住所……每个淄博人都想游客所想、尽自己所能，一个个微镜头串联出淄博这座城市的温度。您的善意比小饼更实诚，从"别让外地人失望"的担心，到"淄博人就要为淄博长脸"的担当，从"周末留给外地客人先吃"的自觉，到"做好服务不宰客"的自律……一句句质朴的语言汇聚出淄博这座城市的实在，诠释了市民对这座城市最朴素的荣誉感和归属感。您的豪爽比蘸料更过瘾，真心把游客当亲戚、与游客交朋友，售货的时候，把秤杆翘得高高的；拼桌的时候，一起欢呼一起唱；赶车的时候，出租车师傅比游客还着急，卡住的后备箱说切割就切割……一件件敞亮事展现出淄博这座城市的率真。这是一场自发的全城行动，也是一次自觉的全民参与，不管是早出晚归的环卫工人、公交司机、外卖小哥，还是日夜值守的公安民警、城管队员、市场监管人员，还有我们主动作为的机关干部、社区工作者、网格员、志愿者等等，人人都在默默付出，人人都在发光发热。为我们的市民点赞，为淄博有这样的市民感到骄傲自豪！

投我以木桃，报之以琼瑶。关注和信任是责任也是动力，淄博竭尽所能把最好的一切拿出来回馈。我们一直在努力，但工作中仍不尽周详，城市治理和服务供给还有许多短板和不足，给市民和游客带来一些不便和困扰，对大家给予的体谅、理解、包容，我们深受感动、深表谢意。我们一定全力干好工作、加快完善提升，为大家创造更好的生活环境、更多的体验场景。也真诚期望全体市民继续当好东道主、做好主人翁，倍加珍视来之不易的城市品牌，努力守护这份城市荣誉，为淄博高质量发展汇聚强大合力。

我们倡议让利于客，坚持诚信守信互信，依法规范经营，杜绝欺诈行为，身体力行弘扬齐文化的开放包容之心、大气谦和之风；我们倡议让路于客，科学规划出行线路，优先选择公共交通，尽量减少扎堆拥堵，让淄博之行路畅心更畅；我们倡议让景于客，合理错峰出游，把更多当地熟悉的景色，留给节假日远道而来的游客，让他们更好感受五彩缤纷的淄博魅力。

一家人，守护一座城；一座城，温暖一方人。这个春天，淄博众人拾柴让烧烤红红火火，更要一起努力把日子过得红红火火。我们建立了"您码上说·我马上办"民意平台，大家有什么不便，发现什么问题短板，有什么意见建议，随时扫码提出，我们全力办好，携手共建共享美好生活、共创共赴美好未来。

感谢，每一位城市的守护者！致敬，每一位可爱的淄博人！

淄博市精神文明建设委员会办公室

2023 年 4 月 19 日

附录 2 《致广大游客朋友的一封信》

亲爱的游客朋友们：

一场始于烟火、归于真诚的邂逅，让八方游人了解淄博、走进淄博，相逢八大局，牵手海岱楼，欢聚烧烤店……让这座古而弥今的城市更富活力、更为温暖。

"进淄赶烤"，是一道联结缘分的桥，是一首彼此温暖的歌，是一幅双向奔赴的景。您赞扬的话、走心的建议，都是对淄博的信任和包容；您带来的人潮、人气，唤起了全城一心的城市荣誉感和凝聚力；您为淄博"人好物美心齐"城市印象"鼓与呼"，让更多人了解这座城市的人文历史、感知这座城市的厚道质朴、看到这座城市努力的样子。感谢您与淄博结下了深厚情，感谢您给淄博注入了正能量，感谢您为淄博传递了好声音。

"淄博烧烤"火出了圈。面对"难得的厚爱"，虽然我们已经全力以赴，但服务供给可能还无法完全满足游客的体验需求，近期客流过载等问题已给大家造成了一些困扰和不便。目前，"五一"期间中心城区的酒店已基本售罄，客流量已超出接待能力，预计部分重点路段、网红打卡点将会出现交通阻塞、停车难、排队时间长等问题，将影响您的体验效果。旅行贵在品质，建议您可以关注相关信息，错峰出游、避免扎堆，打出时间差、换得舒适度。淄博是一座温馨美丽的城市，四季皆美景，天天有美食。请给我们一点时间，我们会把服务的品质品位做得更好，让您悦享旅程、游淄有味。

淄博是齐文化发祥地，演绎了"春秋五霸"之首、"战国七雄"之冠的盛况，诞生了太公封齐、管鲍之交、管晏辅国等故事，成就了稷下学宫"百家争鸣"的美谈，孕育了《孙子兵法》《齐民要术》《考工记》《聊斋志异》等巨著，留下了齐长城、齐国故城遗址、东周殉马坑、世界足球起源地等文化遗存，陶琉文化、黄河文化、聊斋文化、渔洋文化等地域文化交相辉映，悠长的文脉让历史文化和现代生活融为一体，陶瓷、琉璃、蚕丝织巾是淄博更具韵味的文化灵魂"三件套"。泱泱齐风，美美齐地。境内齐山、鲁山、原山、潭溪山嵯峨奇异，马踏湖、文昌湖、五阳湖、天鹅湖一望无垠，开元溶洞、樵岭前溶洞、沂源溶洞绵延不绝，博山菜、周村烧饼、沂源苹果、高青黑牛和清水小龙虾唇齿留香。淄博的五区三县，都有各具特色的美景美食，也都有滋滋作响、念念不忘的烧烤，欢迎大家择时品尝体验。

美景美食不止淄博，好客山东应有尽有。山东是文化大省、旅游大省。这里可赏山水画卷，泰山雄伟磅礴，崂山神秘飘渺，尼山钟灵峻秀，梁山热血刚劲，红色沂蒙山情深意重；趵突泉腾空翻涌，微山湖烟波浩渺。这里可品齐鲁风情，大运河贯通南北，海岸线蜿蜒曲折，沿着黄河遇见海，在东营看蓝黄交汇，在青岛扬帆冲浪，在烟台、威海的海洋牧场尽情海钓。这里可读街巷烟火，在台儿庄古城、青州古城、东昌古城、魏氏庄园赏民风古韵，去济南老商埠、青岛广兴里、烟台朝阳街赶潮流时尚，在济南超然楼见证"燃灯"时刻，在泰安大宋不夜城流连烟花绚烂。这里可尝饕餮美食，孔府菜、济南菜、胶东菜精美考究。这里可打包必购好物，日照绿茶、胶东海参、菏泽鲁锦、德州扒鸡给人嗨购体验。欢迎您到处走一走、看一看，感受"好客山东 好品山东"的独特魅力。

齐鲁青未了，齐地迎贵客。在淄博旅行中，您遇到什么困难和不便，有什么意见和建议，随时可以通过便民热线 12345、网络留言等各种渠道向我们反映，也可拨打旅游专线 0533—2176099 联系我们。

天长海阔，与子成说。淄博一直在这里，一直在努力变得更好。

淄博市文化和旅游局
2023 年 4 月 26 日

附录 3 "淄博现象"社会和民生需求调查问卷

　　您好！我们是山东大学"淄博现象"专题调研课题组。本次调查的目的是了解外地消费者和本地社会力量对淄博烧烤的态度、在淄博烧烤中的作用及民生需求，非常感谢您能在百忙之中抽出三分钟的时间填写问卷，我们将对您的答案保密，十分感谢您的支持。

　　祝您生活愉快，工作顺利。

1. 您所在的年龄段是（　　）

A.18 岁以下

B.19—29 岁

C.30—39 岁

D.40—49 岁

E.50 岁以上

2. 您的性别（　　）

A. 男

B. 女

3. 请问您的职业是（　　）

A. 学生

B. 商人

C. 教师

D. 政府工作人员

E. 企事业单位工作人员

F. 打工群体

G. 无业

H. 其他

4. 您现在所居住的地区（　　）

A. 安徽

B. 北京

C. 重庆

D. 福建

E. 甘肃

F. 广东

G. 广西

H. 贵州

I. 海南

J. 河北

K. 黑龙江

L. 河南

M. 香港

N. 湖北

O. 湖南

P. 江苏

Q. 江西

R. 吉林

S. 辽宁

T. 澳门

U. 内蒙古

V. 宁夏

W. 青海

X. 山东

Y. 上海

Z. 山西

AA. 陕西

BB. 四川

CC. 台湾

DD. 天津

EE. 新疆

FF. 西藏

GG. 云南

HH. 浙江

II. 海外

5. 请问您 3 月以来是否在淄博烧烤店吃过烧烤？（　　）

A. 是

B. 否

6. 您在此次"烧烤热"之前是否听过"淄博烧烤"这一说法？（　　）

A. 是

B. 否

7. 您是从什么渠道得知"淄博烧烤"的？（　　）

A. 新闻报道

B. 朋友介绍

C. 网络社交平台

D. 其他

8. 您觉得淄博烧烤吸引您的是什么？（　　）

A. 淄博烧烤味道很好

B. 淄博烧烤价格不贵

C. 朋友推荐

D. 热度很高，想去尝尝

E. 当地热情的民风

F. 政府政策如交通、住宿、治安方面

G. 其他

9. 您觉得淄博烧烤店的用餐氛围如何？（　　）

A. 非常好

B. 较好

C. 一般

D. 较差

E. 非常差

10.您认为淄博烧烤火了之后，政府整改道路、免费停车等措施是否便民？（　　）

A. 是

B. 否

11.您认为政府对烧烤原料质量和商户称重等的抽检政策是否受到消费者的欢迎？（　　）

A. 是

B. 否

12.您在淄博吃烧烤会关心如下哪些方面？（　　）

A. 价格

B. 安全

C. 卫生

D. 味道

E. 服务

F. 环境

13.淄博烧烤店做的哪些事情对您很有吸引力？（　　）

A. 给每个来吃烧烤的顾客排上号，并告知预计等待时间，等待期间时间游客可自由支配

B. 给每个店门口等待的顾客小零食，防止顾客等待时间过久饥饿

C. 商家凭良心做生意，坚持不缺斤少两

D. 即使顾客爆满，也坚持开业，不辜负旅客的热情

14.您觉得淄博烧烤"小饼＋烤串＋蘸酱"的吃法怎么样？（　　）

A. 非常喜欢

B. 喜欢

C. 一般

D. 不喜欢

15.您喜欢淄博自己动手烤烧烤的方式吗？（　　）

A. 喜欢

B. 不喜欢

16.您会和谁一同去吃淄博烧烤？（　　）

A. 自己

B. 恋人

C. 朋友

D. 家人

E. 同事

17. 您对淄博烧烤营业者有何意见建议？（　）

　　A. 改善厕所等卫生环境

　　B. 降低价格

　　C. 多样化菜品

　　D. 提高上菜速度

　　E. 改善服务态度

　　F. 改善就餐环境

　　G. 延长营业时间

18. 您觉得"淄博烧烤"对淄博的影响是（　）

　　A. 有很大的促进作用

　　B. 有一定的促进作用

　　C. 影响不大

　　D. 不好说

19. 您是否常住淄博？（　）

　　A. 是

　　B. 否

20. 您是否参加过"淄博烧烤"中的志愿者服务？（　）

　　A. 是

　　B. 否

21. 您是否为淄博烧烤协会成员？（　）

　　A. 是

　　B. 否

22. 您对淄博民生问题的关注程度（　）

　　A. 密切关注

　　B. 比较关注

　　C. 较少关注

　　D. 极少关注

　　E. 不关注

23. 您认为游客多了之后，淄博的环境卫生状况如何？（　）

　　A. 非常好

　　B. 较好

　　C. 一般

　　D. 较差

　　E. 非常差

24. 您认为游客多了之后，淄博社会治安状况如何？（　）

　　A. 非常好

　　B. 较好

　　C. 一般

　　D. 较差

　　E. 非常差

25. 您认为游客多了之后，对本地人日常生活造成的影响是（　）

　　A. 没有影响

　　B. 有一定影响，但不会扰乱正常

生活

    C. 影响大，有时会扰乱日常生活

    D. 影响很大，完全扰乱日常生活

    26.政府部门对外开放厕所的举措是否方便了本地人的日常生活？（　　）

    A. 是

    B. 否

    27.政府简化加快办理烧烤店营业手续，对本地人进行餐饮方面的创业影响如何？（　　）

    A. 非常大

    B. 较大

    C. 一般

    D. 没影响

    E. 说不清

    28.您认为淄博市政府出台的烧烤相关政策中有益本地民生的有（　　）

    A. 开通烧烤公交专线

    B. 增加旅游点交通指引

    C. 开通高铁列车专线

    D. 加强社会治安管理

    E. 加强食品安全监管

    F. 举办烧烤节

    G. 发放烧烤优惠券

    H. 增加停车场，便民停车

    I. 改善市内道路状况

后 记

  本研究从动议到完成出版，用了 6 个月时间。今年 6 月初，山东大学国家治理研究院经过认真论证，决定组织多学科专家和研究生参与的"淄博现象"专题调研，旨在既从不同专业视角深入观察、剖析这一现象，又增进交流交融，开阔视野，以求新知。达成共识后，我们随即成立以樊丽明、曹现强、楼苏萍为成员的协调工作组，组建了以王佃利、余东华、李铁岗、许峰、赵海川、林聚任、刘明洋、郑敬斌及王加华等教授为组长、师生参与的 9 个子课题调研团队，大家以高度的专业精神和饱满的研究热情，为调研做好各项准备和服务。7 月，调研团队正式"进场"，课题组一行 23 人赴淄博开展现场调研。针对政府主体召开专题座谈会 7 场，涉及相关职能部门及议事协调机构 16 个，区级座谈会 2 场，核心部门行政领导专题访谈 2 场；针对市场主体及社会主体，调研组采用问卷调查、参与式观察及深度访谈等综合性调研方法，大规模走访烧烤店、行业协会、居民、游客及志愿者等关键行动主体，共收集有效问卷 1.1 万余份，整理市场及社会主体调研资料 11.5 万余字，拍摄调查照片 300 余张。为保障调研资料获取的充分性和科学性，8 月到 10 月间，各子课题根据需要重返现场，补充获取一手材料。此间，调研组召开三次研讨会，交流成果，思想碰撞，反复切磋，力求提供高质量的研究报告。10月，樊丽明、楼苏萍负责总纂、修改书稿。

该项调研的扎实实施及调研成果的有效产出，首先是山东大学多位师生辛勤努力的结晶，更是多方鼎力支持与倾力协助的结果。衷心感谢淄博市委、市政府在调研活动实施中给予的全方位支持，调研活动得到淄博市委、市政府负责同志的关心，亦获得多个部门及区县的配合，作为决策与执行主体，大家知无不言、言无不尽，是课题组准确把握"淄博现象"的丰富内涵及生成演化过程的重要基础。衷心感谢山东大学研究生院、山东大学人文社科研究院对本次调研活动的鼎力支持。本书的顺利出版有赖山东人民出版社的青睐，以及编辑老师的专业、高效工作，你们的辛勤付出使得本书在系统调研完成后不久即能面世，在此一并致谢。

我们希望本书对发生在2023年春夏有关"淄博现象"的记录、分析与思考，能够为更好地认识信息时代与流量时代提供资料，为探寻流量时代城市治理与发展的可能路径以思想资源与启迪。

图书在版编目（CIP）数据

流量时代的城市治理与发展："淄博现象"启示录／
樊丽明，楼苏萍主编.——济南：山东人民出版社，2023.11
ISBN 978-7-209-14865-8

Ⅰ．①流… Ⅱ．①樊… ②楼… Ⅲ．①城市管理－
研究－淄博 Ⅳ．①F299.275.23

中国国家版本馆CIP数据核字(2023)第215046号

流量时代的城市治理与发展："淄博现象"启示录
LIULIANG SHIDAI DE CHENGSHIZHILI YU FAZHAN："ZIBO XIANXIANG" QISHILU
樊丽明　楼苏萍　主编

主管单位　山东出版传媒股份有限公司
出版发行　山东人民出版社
社　　址　济南市市中区舜耕路517号
邮　　编　250003
电　　话　总编室（0531）82098914
　　　　　市场部（0531）82098027
网　　址　http://www.sd-book.com.cn
印　　装　山东华立印务有限公司
经　　销　新华书店

规　　格　16开（170mm×240mm）
印　　张　14.25
字　　数　146千字
版　　次　2023年11月第1版
印　　次　2023年11月第1次
ISBN 978-7-209-14865-8
定　　价　68.00元

如有印装质量问题，请与出版社总编室联系调换。